东方
文化符号

昭明太子

薛 巍 著

江苏凤凰美术出版社

图书在版编目（CIP）数据

昭明太子 / 薛巍著. -- 南京：江苏凤凰美术出版社, 2025.2. -- (东方文化符号). -- ISBN 978-7-5741-1680-1

Ⅰ. K825.6

中国国家版本馆CIP数据核字第2024LP1076号

责 任 编 辑	唐　凡
设 计 指 导	曲闵民
责 任 校 对	孙剑博
责 任 监 印	张宇华
责任设计编辑	赵　秘

丛 书 名	东方文化符号
书　　名	昭明太子
著　　者	薛　巍
出版发行	江苏凤凰美术出版社（南京市湖南路1号　邮编：210009）
制　　版	南京新华丰制版有限公司
印　　刷	盐城志坤印刷有限公司
开　　本	889 mm×1194 mm　1/32
印　　张	3.75
版　　次	2025年2月第1版
印　　次	2025年2月第1次印刷
标准书号	ISBN 978-7-5741-1680-1
定　　价	88.00元

营销部电话　025-68155675　营销部地址　南京市湖南路1号
江苏凤凰美术出版社图书凡印装错误可向承印厂调换

目录

前言 …………………………………………… 1

第一章　兰陵萧氏 ………………………………… 4
　第一节　萧统家世 ……………………………… 4
　第二节　齐梁易代 ……………………………… 7

第二章　昭明太子 ………………………………… 13
　第一节　少年岁月 ……………………………… 13
　第二节　父子兄弟 ……………………………… 17
　第三节　治国理政 ……………………………… 23

第三章　文学才华 ………………………………… 27
　第一节　精览儒释道 …………………………… 27
　第二节　能文善诗 ……………………………… 33
　第三节　守正出新 ……………………………… 39

第四章　编纂《文选》 …………………………… 44
　第一节　成书年代 ……………………………… 45

第二节　编辑思想 …………………………… 48
　　第三节　作品分类 …………………………… 52

第五章　一代"选圣" …………………………… 56
　　第一节　诗文宝库 …………………………… 57
　　第二节　陶渊明的知音 ……………………… 64
　　第三节　流芳后世 …………………………… 70

第六章　东宫学士 ……………………………… 76
　　第一节　学士"天团" ………………………… 77
　　第二节　参编《文选》 ……………………… 80

第七章　英年早逝 ……………………………… 85
　　第一节　蜡鹅事件 …………………………… 85
　　第二节　太子之死 …………………………… 88
　　第三节　斯人长眠 …………………………… 89

第八章　昭明遗迹 ……………………………… 96
　　第一节　昭明遗迹在江苏 …………………… 97
　　第二节　多少楼台烟雨中 …………………… 109

后　记 ………………………………………… 113

前 言

公元三世纪初至六世纪末,除了西晋短暂统一之外,中国绝大多数时间处于南北分治的状态。在中国南方,先后出现了六个王朝——东吴、东晋,以及宋、齐、梁、陈。其中,宋、齐、梁、陈合称"南朝",而"齐"与"梁"皆由兰陵萧氏创立,故而又称"萧齐""萧梁"。

萧齐与萧梁首尾合计七十九年,出身兰陵萧氏的皇帝有十几位,知名的皇室成员更是不胜枚举。他们崇尚知识、爱好文学,推动了佛教的中国化和文化艺术的发展,深刻影响了当时的社会文化。有学者认为,兰陵萧氏对中国文化的贡献,可比拟于三国时期的曹操父子。

"昭明太子"萧统,就是兰陵萧氏的代表人物。

萧统,是梁武帝萧衍的长子,萧齐中兴元年(501年)九月出生,萧梁天监元年(502年)十一月被立为太子,中大通三年(531年)四月病逝,享年31岁,谥号"昭明"。

萧统生长于帝王之家,聪慧好学、博览群书,具有深

萧统像

厚的文学修养。在东宫学士刘孝绰等人的协助下，他辑录了七百多篇兼具思想性和文学性的诗文，编成《文选》三十卷。很多先秦时期的作品，依靠《文选》的收录才得以传诵至今。

《文选》距今近一千五百年，是中国现存最早的一部诗文总集，在世界文学史上也有一席之地。自唐代起，它就成为知识分子的必读书；到了北宋时期，甚至流传有这样的说法："《文选》烂，秀才半"——熟读《文选》，就有一半的把握考中秀才了，得到做官的"敲门砖"。

萧统因此被称作"选圣"。后世专门研究《文选》的学问，也被称为"文选学"。他自己也创作了大量诗文，可惜大多已经散佚。少量存世作品，被编为《昭明太子集》。

昭明太子的人生传奇已成过往，但《文选》的学术价值永难磨灭。出于对昭明太子的敬爱，在江苏以及湖北等地，人们保留着数十处"读书台""文选楼"等遗迹，名称或有不同，但皆与昭明太子相关。这些历史文化遗存，尽管有些真伪扑朔迷离，却从侧面展示了昭明太子的人格魅力，以及六朝文化的成就。

在南京市的东郊，此前一直被称作"永宁陵"的六朝帝王墓葬，近年来经过考古工作者的发掘考证，已初步认定为昭明太子的陵墓。墓前，站立着一对神态俊美的麒麟石刻，昂首向天，默默守卫着长眠墓中的主人。

短冈明月，魂兮归来。

刻有"石头"字样的六朝铭文砖，在石头城北垣遗址出土

六朝城墙砖与石柱

第一章　兰陵萧氏

在六朝的历史上,"兰陵萧氏"宛如一颗彗星,横扫天际,闪耀一时。

与声名显赫的琅琊王氏、陈郡谢氏等高门相比,这支"北来次等士族"默默奋斗了一百多年,直到东晋、刘宋之际,终于依靠军功崛起,改变了时代长河的走向。

第一节　萧统家世

萧氏源远流长,早在两千多年前的春秋时期就出现在历史舞台上。萧氏始祖是春秋时期宋国的贵族萧叔大心,因为参与平定国内的叛乱,受封于萧邑,故址在今天的安徽省萧县一带。

春秋中期,萧邑被楚国吞并。萧叔的后人遗民以国为姓。其中定居于今天山东省境内的兰陵县,被称为"兰陵萧氏"的应为其中一支。萧氏在这里繁衍生息、开枝散叶,千百年光阴匆匆而过。

西晋末年，中原地区战乱频繁，人们携家带口，纷纷南迁。在滚滚南迁的洪流中，就有兰陵萧氏的族人——萧整一家。

公元317年东晋建立后，在江南地区重新安置跟随朝廷南迁的百姓。

南迁的兰陵萧氏属于次等士族，大多担任县令、参军一类的中低层官职，在整个东晋时期名不见经传。唯有萧整之子萧镌参加了东晋与前燕的战争，得以在史书中记下寥寥一笔。

兰陵萧氏的发迹，始于"皇舅房"支系。公元420年，出身寒门的北府军将领刘裕废除东晋恭帝，建立"刘宋"政权。他尊为皇太后的继母出身兰陵萧氏，其弟萧源之凭"皇舅"身份而受到恩宠，兰陵萧氏的这一支系也被称作"皇舅房"。

萧源之的儿子萧思话文武兼备，善骑射、好读书，年少时就被刘裕视为"国器"，成年后历任军事要职，十二次出任州刺史，九次持节——由皇帝授予专断专行的权力。

萧思话死后，"皇舅房"的势力衰退，但兰陵萧氏的另一支系"齐梁房"异军突起，逐步走上历史舞台。

兰陵萧氏"齐梁房"以萧整为始祖，是"齐皇房"和"梁皇房"的合称。萧整有两个儿子，分别是萧俊、萧镌。

萧俊以下，为"齐皇房"分支。

齐高帝萧道成便是萧俊的子孙。

萧道成的父亲萧承之是刘宋时期的名将，他追随萧思话多次领兵征战，曾用"空城计"智退北魏军。其胆略过人，可见一斑。

萧道成出身将门，却好学不倦，习知儒家典籍《礼经》和《左传》。他善作诗文，书法亦佳，不输于当时的文人。

刘宋末年，社会动荡不安。萧道成与族弟萧顺之同游金牛山时，看见路边枯骨，不禁动容："自周文王以来，能有几年太平时光，好将这些枯骨掩埋？"刘宋元徽二年（474年）五月，萧道成率军平定桂阳王刘休范的叛乱。此后数年，萧道成将政敌一一消除，公元479年登基称帝，建立"萧齐"。

但萧齐首尾仅仅二十四年，就被"梁皇房"建立的萧梁取代。

萧锴以下，为"梁皇房"分支。

萧顺之便属于这一支。萧顺之保卫齐高帝萧道成有功，曾斩杀了潜入萧道成营帐的刺客，并扼杀了叛乱。

梁武帝萧衍像（明刻本《古先君臣图鉴》）

萧道成称帝后,指着萧顺之,对太子(后为齐武帝)萧赜说:"不是此翁,我们哪有今天?"

萧顺之生梁武帝萧衍等兄弟十人。

萧齐中兴二年(502年)四月,萧衍接受萧齐和帝萧宝融的"禅让",建立"萧梁"。

兰陵萧氏自中原南迁,蛰伏百年后一鸣冲天,先后建立了两个王朝,在家族名望上,得以与王、谢并列为第一等高门。

第二节　齐梁易代

"齐皇房"与"梁皇房"皆出兰陵萧氏,同室操戈,无疑是一场悲剧。然而,齐梁两朝此消彼长,在历史的演进过程中则有着积极的一面:此前,东晋是皇帝与士族共治的政权,"王与马,共天下";刘宋、萧齐是武将夺取政权,由武将集团左右着国家的命运;萧梁王朝则由武功转向文治,统治阶层呈现明显的文人化特征,时局安宁,史称"五十年中,江表无事",使得萧梁一代成为六朝文化的集大成者。

萧齐初年,萧道成、萧赜父子废止了刘宋末年的苛政,与民生息,国内初获安定。

萧道成在位三年,于建元四年(482年)三月去世,谥号"高皇帝"。萧赜即位,年号"永明"。

萧齐永明元年(483年),十九岁的萧衍步入政坛,后担任王俭的僚属。王俭出身琅琊王氏，是东晋丞相王导的五世孙，娶了刘宋明帝的女儿阳羡公主。

王俭对萧衍大为赏识，认为萧衍才智过人，前途不可限量。

永明十一年（493年），萧赜去世，权力落入堂弟萧鸾的手中。他接连废立两位傀儡皇帝，终于篡夺了帝位，即历史上的齐明帝。性格猜忌多疑的萧鸾，以血腥的杀戮来巩固权力，在位数年，竟一口气将萧道成、萧赜的子孙几乎全部杀害。

永泰元年（498年）七月，四十七岁的萧鸾病死，十六岁的太子萧宝卷即位。这位少年天子，治理国家随心所欲，如同儿戏。他宠爱贵妃潘氏，就令人用黄金雕成莲

《兰陵萧氏》壁画

花，铺于地面，让潘氏行走于上，自己在一旁拍手作乐："这真是步步生莲花啊。"与父亲萧鸾一样，他的体内也流淌着暴力的血液，登基不久，就接二连三对宿臣旧将举起了屠刀。

东昏侯萧宝卷金莲布地图（明刻本《帝鉴图说》）

萧宝卷即位第二年，就有宗室将领率先举兵反抗，后又有南豫州刺史担忧祸及己身，将自己镇守的寿阳（今安徽省寿县）作为"投名状"，叛降北魏。

失去了寿阳，萧齐的北境防线岌岌可危。平西将军崔慧景率军溯淮水而上，准备收复寿阳。萧齐永元二年（500年）三月，崔慧景调转矛头，自广陵（今江苏省扬州市）渡江，越过京口（今江苏省镇江市），将荒唐皇帝萧宝卷围困在台城中。

这时，萧衍已出任南雍州刺史，主持边疆防务。当地谣言流传，"州境之内出现了天子气"。在历史上，"天子气"一旦出现，就意味着将有新的帝王出现。萧衍表面上不动声色，心中暗喜。他暗中伐竹沉木，预备用来打造战舰。

萧衍的长兄萧懿正以新任南豫州刺史的身份领军北上，屯驻在长江北岸的小岘（今安徽省含山县）。他在用餐时闻报台城（南朝时中央政府和皇宫所在地）被围，立即丢下筷子，率精兵三千人，自采石矶渡江，与守军里应外合，杀得叛军阵脚大乱。崔慧景在逃亡途中被杀。

萧懿拯救了摇摇欲坠的萧齐皇室，因功升任尚书令（权力同丞相）。远在襄阳的萧衍，秘密派手下前来做说客："功高盖主，须早做避祸的打算。要么带兵入宫，像商代的伊尹、西汉的霍光那样，废黜小皇帝，另立贤君；要么以抵御外敌入侵为借口，过江回驻历阳，离开建康（今江苏省南京市）这个杀机四伏的地方。"

萧懿的僚属也在江边备好了一条船，劝他乘舟上行，投奔襄阳。萧懿却不以为然："古往今来，人人都有一死，哪有叛逃的尚书令呢？"他虽然忠心不二，却敌不过朝廷佞臣的悠悠之口。永元二年十月，小皇帝赐下一瓶毒药，杀了萧懿，其弟萧融也同时遇害。

刀光剑影之中，萧齐政权的最后一根顶梁柱霍然摧折。

萧懿的死讯传到襄阳，萧衍立即召集部下，正式举兵反抗朝廷。他发布募兵榜文，很快就集合了披甲战士三万人，以及战马五千匹。萧衍致信荆州刺史萧颖胄，约他一同起兵。

荆雍（南雍）二州唇齿相依，荆州位于长江中游，是南朝西境的门户。由于军事地位重要，两地的长官均由宗室成员担任。

当时，荆州的实际兵权掌握在刺史萧颖胄手中。起初，萧颖胄还有些犹豫。在萧衍的一再催促和身边谋士的劝说下，他终于下定了起兵决心。

永元二年十一月，前来讨伐襄阳的巴西太守刘山阳，乘单车、着白服，带着数十名随从，大大咧咧来到江陵，刚进城门，就被埋伏于城内的荆州士兵斩杀，其首级被萧颖胄送到襄阳。

荆雍二州合兵一处。永元三年（501年）三月，萧宝卷的弟弟萧宝融被拥立为帝，将这一年的年号改为"中兴"。萧衍出任尚书左仆射（权力同丞相的副手），接受皇帝赐予的黄钺（饰以黄金的长柄斧子。天子仪仗，也用于征伐），率军东征；萧颖胄为尚书令，坐镇后方。

三月，荆雍联军水陆并进，直抵汉水入长江处的沔口（今湖北省武汉市江汉区），包围了郢城与鲁山。战斗一时间陷入胶着状态。七月，联军大败朝廷派出的援军，士兵的尸体浮满江面。鲁山、郢城相继开门投降。此后，联军势如破竹，接连攻破三座城市，十月进至建康。

萧宝卷派将领兵列阵于城南，又令宦官持白虎幡（绘有白虎图像的旗，古代用作传布朝廷政令或军令的符信）督战。到了这时候，象征皇帝亲临的白虎幡也起不了作用了，萧宝卷的士兵或降或逃，顷刻间土崩瓦解。小皇帝再次被围台城，宛如困兽。

这一回，萧宝卷的好运没有降临。萧齐中兴元年（501

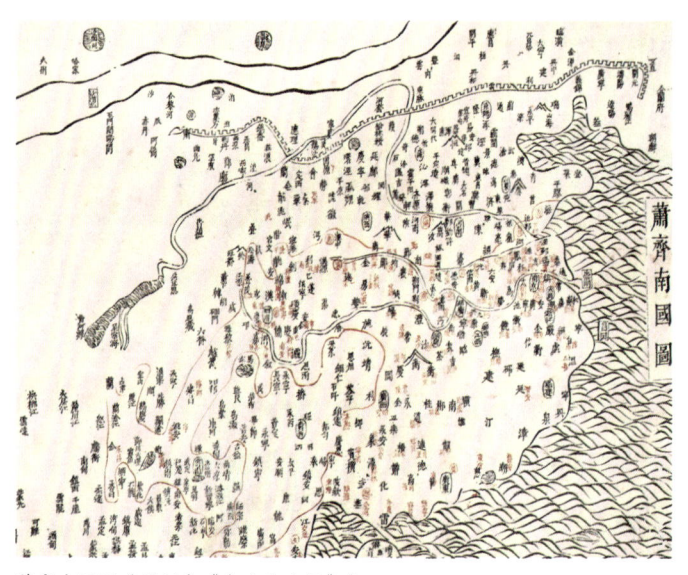

萧齐南国图（明刻本《今古舆地图》）

年）十二月三十一日夜，他在含德殿蒙眬睡去时，被手下杀死，首级用浸泡了黄油的绢布包着，送至萧衍帐中。此前，萧颖胄已经病卒，军政大权悉数归于萧衍之手。

萧齐王朝，气数已尽。

中兴二年（502年）四月，萧衍在建康南郊祭告天地，宣布改朝换代，建立萧梁，定新年号为"天监"。三十八年前，他出生于秣陵县（今南京市区）同夏里三桥宅。这一年是甲辰年，在农历十二生肖里属于"龙年"。

如今，飞龙在天，万象更新。

第二章　昭明太子

萧齐中兴元年（501年）九月，萧统在襄阳出生。

当时，萧衍已经兵临建康城下。长子的出生，萧齐大将王珍国的倒戈，夺权障碍萧颖胄的突然病故，这三件事接踵而至，被时人称为"三庆"。

新生儿的降生，对萧衍来说尤其值得庆贺。欣喜之余，他为长子取名"统"，寓含着"国家统一"之意。

第一节　少年岁月

萧衍的正妻郗徽，出身士族名门。父亲是太子舍人郗烨，母亲是宋文帝刘义隆的女儿寻阳公主。先祖郗鉴是东晋大臣，官至太尉（全国最高军事长官）。郗徽美丽聪慧，文采、书法、女红无一不佳。她为萧衍生了三个女儿，萧齐永元元年（499年）病逝于襄阳官舍，年仅三十二岁。萧梁建立后，萧衍追谥郗徽为"德皇后"，并从此未再立后。

郗徽无子，萧衍便纳十四岁的丁令光为妾。她出身小官员家庭，祖先是谯国（今安徽省亳州市）人氏，世居襄阳。据说，丁令光出生时，一道神光，满室紫烟，乡邻啧啧称奇。这大概是迷信之说，因为丁令光生下了太子萧统，"母以子贵"而已。

襄阳古城墙

萧衍率军东征时，丁令光已经身怀六甲，留在襄阳待产。丈夫成为梁朝的开国君主后，她带着襁褓中的儿子乘舟东下，入住皇宫显阳殿。萧梁天监元年（502年）八月，丁令光被封为贵嫔。因为萧衍不再立新后，丁令光是实际上的后宫第一人。

萧统字"德施"，出自儒家典籍《周易》，文为"见龙在田，德施善也"；小字"维摩"，是佛教著名居士"维摩诘"的简称。小字就是乳名，六朝时期佛教盛行，人们有用佛教词汇作名字或乳名的风气。

天监元年十一月，两岁的萧统被立为皇太子。萧梁初创，萧衍踌躇满志，立意要将太子培养成符合儒家标准的未来君主，为他制定了周密的教育方案，挑选饱学之士为他传道授业。

年幼的太子起初住在皇宫内的永福省（皇子受学之所）。永福省位于皇宫以西，开有侧门，方便东宫官员出入。先后负责东宫事务的官员有沈约、徐勉、刘孝绰等文人儒士。

萧梁天监四年（505年），萧衍下令为太子修建东宫。这里原本是东晋的永安宫，刘宋时改为东宫，萧齐末年失火，化为灰烬。两年后，一座崭新的东宫落成。

萧梁天监五年（506年），六岁的萧统出居东宫。他心中挂念父母，时常闷闷不乐。萧衍知道后，命太子每隔五日上朝时，可留宿永福省，住上三五天再回东宫。

萧梁天监七年（508年），萧统八岁。萧衍为他纳大臣蔡撙的女儿为太子妃。

蔡撙是东汉文学家蔡邕的后代。萧齐武帝时，他与萧衍一同在王俭的幕府共事，结下友谊。萧梁建立后，蔡撙颇受重用，曾任吏部尚书，负责选用官吏。他气量宽宏，不拘·格用人才，为时人称道。

当时，皇帝对臣子往往直呼其名。一天，萧衍与大臣共食汤饼，蔡撙也在座。萧衍喊他的名字，他竟然置若罔闻，埋头大嚼。萧衍觉得这位老同事兼亲家翁似乎是生气了，连忙改称呼："蔡尚书？"

蔡撙这才放下筷子："在。"

萧衍问："你刚才是耳聋了？怎么现在又听见了？"

蔡撙向上从容一揖："我担任皇帝身边的要职，又是皇家姻亲，于公于私，陛下都不应该直呼我的名字。"

蔡撙狷介如此，其女自幼受到清白家风的熏陶，人品自必不俗。

早先，萧衍原本想在陈郡谢氏中择媳。毕竟，王谢两家是南朝的头等门第，人人都想与这两家攀亲。大臣袁昂直言："若论人品高尚，不如选蔡撙之女。"萧衍沉吟良久，采纳了他的建议，派吏部尚书徐勉去蔡家下聘。蔡氏为萧统生下一子三女。

国子学是中国古代的最高学府，这是明代南京"国子学"遗址牌坊

礼，是实践儒家思想的重要方式。

萧梁天监八年（509年）九月，九岁的萧统登上寿安殿，面对着父皇和群臣，宣讲《孝经》奥义。讲毕，他在父亲和大臣们的陪同下，来到最高学府——国子学，行"释奠礼"。释奠，就是在学校设置酒食，祭奠"先圣"孔子。行过释奠礼，就算正式成为儒家的门徒了。萧梁奉行"以孝治天下"的政策。而萧统一生恪守孝道，是皇家子弟的典范。

萧梁天监十四年（515年），萧统十五岁。正月初一，萧衍驾临太极殿，主持太子的"冠礼"（孔子与他的学生参考上古流传下来的典籍资料，结合西周到春秋时期的社会行为准则，制定了关于"冠礼"的程式规范，为后世奉行）。按照规定，皇子年满十五岁，就要举行冠礼。而萧统在加冠时，冠顶装饰了皇帝才能佩戴的"金博山"（冠前山形装饰）。通过这一细节，可见萧衍对太子的器重与期望。萧统行冠礼后，就意味着步入成年，需以身作则，承担社会责任了。

从此，萧统开始了人生新的阶段。

第二节 父子兄弟

萧梁一朝，首尾五十六年。其中，萧衍一人就在位四十八年。

萧衍相貌有点奇怪，但人不可貌相，在中国的历代帝王里,他的文治武功均位列一流。萧衍勤于政事,数十年如一日,即使在寒冬腊月时节,他也黎明即起,披览公文,手指也因为冻伤而皲裂。

有鉴于前朝的暴虐统治,萧衍大力推行仁政。在人才的使用上,他一方面优待高门士族,另一方面重用出身寒门的英俊之才,"设官分职,唯才是务"。

《春秋》和《礼经》是兰陵萧氏的家学。萧衍更是以儒家思想立国,他在首都建康设立国子学,设置"五经"博士,弘扬儒学。他颁发诏书,命令王公贵族子弟进入国子学读书。朝廷甚至规定,年龄不满三十岁的,如果不能知晓一部经文,就不得做官。

一时间,儒学大为兴盛,弦歌之声不绝于耳。作为南

南朝青瓷莲花尊,现藏于南京市博物总馆

朝的政治文化中心，建康吸引了众多读书人，"今之士人，并聚京邑"。他们雅集交游、著书立说，推动了南朝文化的繁荣发展。

文治之余，萧衍对佛教也极为尊崇。兰陵萧氏原本信奉五斗米道，萧衍小字"练儿"，中年之后，他转为信佛，更加狂热。

萧衍挥金如土，大事营造寺院，对僧侣慷慨施舍，甚至四次脱下帝袍出家。大臣们又出资亿万，将他赎买还俗。他制订了佛教徒修习忏悔所依据的仪轨，被称为"梁皇宝忏"。

笃好文学，是萧衍的另一个显著特色。他学力宏赡，诗赋和散文均有很高造诣，作品中以乐府诗最为出名，保

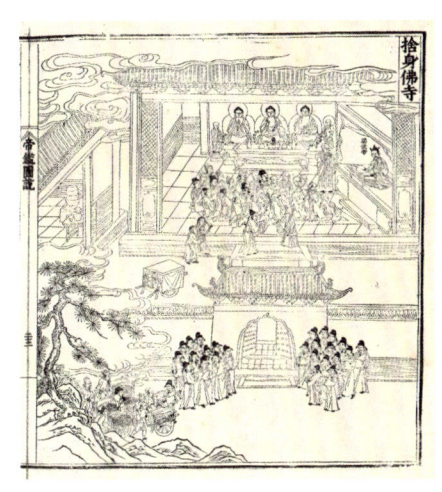

梁武帝舍身佛寺图（明刻本《帝鉴图说》）

存下来的有五十多首，"河中之水向东流，洛阳女儿名莫愁"便是传诵至今的名句。

闲暇时，萧衍经常与文士谈文论赋、诗酒往还。著名文人沈约、任昉、江淹，以及年轻一辈的刘孝绰、萧介、萧子显等人，无一不是他的座上宾。

萧介出身兰陵萧氏，是萧思话的孙子。一次，萧衍宴请一众文士，席间赋诗助兴。臧盾一时作不出诗来，被罚酒一斗。他一饮而尽，面色不变。萧介落笔如飞，一挥而就。萧衍笑道："臧盾的酒量，萧介的文才，一时之美，正可匹敌。"

萧衍有八个儿子。

长子萧统，也就是为人们所熟知的"昭明太子"。他有两个同母的兄弟——简文帝萧纲和庐陵威王萧续。

萧纲，在八兄弟中排行第三，萧梁天监二年（503年）十月生于建康台城显阳殿，三岁时被封为晋安王。据史书所称，萧纲是个古典美男子，面庞丰满，皮肤白皙，双目炯炯有神。

萧纲的文学创作成就，在众兄弟中亦属翘楚。他才思敏捷，聪慧不亚于长兄，六岁时开始写诗作文，七岁时就有了"诗癖"。

自八岁起，萧纲就以皇子的身份，出守南兖州（治所在今江苏省扬州市）、荆州、江州、雍州等地。雍州是萧梁王朝的龙兴之地，萧纲坐镇襄阳时，派军队收复了被北魏侵占的南阳、新野等城，拓地千余里。

萧统英年早逝后，萧纲入主东宫，与身边文士赋诗游宴，朝夕吟咏。他与庾肩吾、庾信父子及徐摛、徐陵父子等人，主张文学创作要自由，词藻铺陈要艳丽，发展创造了新的诗歌体裁——"宫体诗"。

萧纲创作了大量的宫体诗，保留下来的有几十首。在他的支持下，徐陵选录了两汉至萧梁的七百多首诗歌，以"艳诗"为主，汇总为一部诗歌集，取名《玉台新咏》。

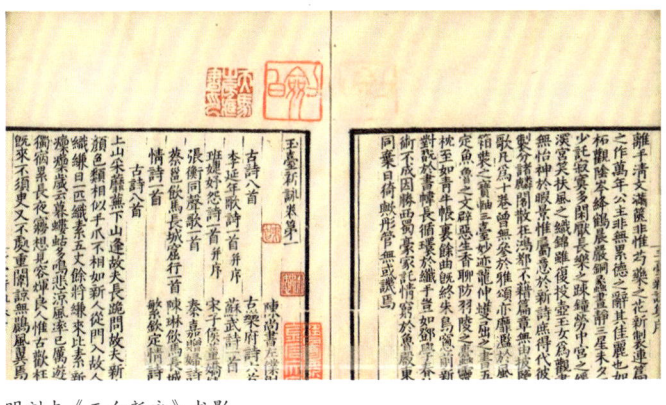

明刻本《玉台新咏》书影

文名仅次于萧统、萧纲的是萧绎。萧绎小字"七符"，被封为湘东王。他小时候害眼病，不幸瞎了一只眼睛。生理上的残疾影响了他的性格，内心脆弱敏感，极为争强好胜。

五岁时，父亲萧衍问他："你最近在读什么书？"

萧绎回答："儿子能将《曲礼》背诵下来。"

"哦，背来听听。"

《曲礼》是儒家典籍《礼记》的第一篇，"曲"的意思是周详细致，解释"礼"的点点滴滴，令人明白其中的缘由。

萧绎硬是一字不漏地将《曲礼》的上篇背了出来。

在众兄弟中，萧绎自视甚高，不好声色娱乐，唯独喜爱读书。他落笔成文，书法、绘画、占术样样俱佳。更为难得的是，萧绎写诗作文，从来都是自己动笔，而非手下人"捉刀"。他创作精力旺盛，著书数十种，可惜绝大多数已经亡佚，今存《金楼子》六卷，诗歌流传至今的有一百二十多首。

萧绎也是"宫体"诗派的一员。他在"西府"荆州时，聚集了一批"西府文士"，与三哥萧纲的文学小团体遥相唱和，并辑录了一部《西府新文》。

萧衍的其他几个儿子，也颇有才学，只是留下的诗歌文学作品不多。

倒是第五子庐陵威王萧续，性格偏向勇武一类，膂力惊人，武艺高强。

当时，江左安定，沈约曾云刘宋时"士人并以文义为业"，萧梁时期也是如此。萧家父子既是政权之主，同时也是士林领袖。在中国文学史上，"四萧"（萧衍、萧统、萧纲、萧绎）与"三曹"（曹操、曹丕、曹植）并驾齐驱，传为千古佳话。

第三节　治国理政

萧梁天监十四年（515年）春，萧统行过冠礼之后，就作为皇位继承人，正式成为父亲治国理政的助手。

其实，早在三年前，十二岁的他就小试牛刀了。

当时，几名博士正在门下审理案件。萧统恰好路过，问："这些穿黑衣服的，是什么人？"

侍从回答："他们是廷尉卿（相当于今天的首席大法官）的属吏。"

萧统取过判状（司法文书）说："这上面的文字都认得，我能试着判罚吗？"

博士们见太子年幼，搪塞道："可以啊。"

早在萧梁天监二年（503年），朝廷就制定了《梁律》，颁行天下。按照《梁律》，这些犯人须处以较重的刑罚。而萧统一律从轻判罚："打五十杖。"

博士们面面相觑，不知该如何是好，只得抱着判状前去禀告萧衍。

萧衍一笑了之："就这样判吧。"

自天监十四年起，萧统更多地介入朝廷事务，每日在东宫办公，"奏事者填塞于前"。他生长于深宫，却也知晓民间疾苦。下属办事有失误，或者巧言伪饰，他会当场予以指正，事后则既往不咎。断案治狱之时，萧统视具体情形，对当事人多有保全。

几名年轻侍从在后宫便殿私自赌钱，被人检举，判处杖责流放之刑。萧统看到判状，说："偶尔玩耍，又是用自己的钱，没有侵吞公物，这样的判罚过重了。"太子有令，于是这几名侍从被减了刑。而且，此后对于较轻微的罪行，量刑时也往往减半。

萧统并非一味宽容，而是尽量公平合理地加以处置。他发现，犯有同样罪行的人，量刑却有不同——犯人甲被送往铸钱官署服劳役，犯人乙则发配到祭祀所用的郊坛，在钱署的劳作繁重，在郊坛的事少清闲，很不合理。他向父亲提出建议，"应制定具体的条例，作为判罚标准"。可惜，萧衍不以为然，将此议束之高阁。

还有一个故事。有一次，建康县令在审理拐卖人口案时，考虑到太子有仁爱的名声，为拍他的马屁，故意判罚犯人"打四十杖"。当时，拐卖人口是应当杀头的重罪。萧统看了判状，很生气："这样的罪行，以前全家都得杀头。如今即使饶其一死，也不能这么轻罚啊！"他挥笔改判，"将犯人发送冶矿，服十年劳役"。

"普通"是萧衍的第二个年号，首尾共计八年多。但这八年并不太平。

萧梁与北魏的边境战争连绵不断，物资消耗巨大，首都建康的米价节节攀升。同时，帝国境内灾害多发。普通元年（520年）至普通六年（525年）期间，就遇到水灾、海啸、雪灾、龙卷风、地震等多种灾害。

萧统忧心民间的疾苦,摈却华服美食,节约东宫的开支。下雨落雪时,他派人巡视街巷,有家中揭不开锅的,就送去柴米;有衣衫单薄难以御寒的,就送去寒衣;有病死无以下葬的,就准备了棺木……太子家令(即太子家的总管)陆襄的母亲将近八十岁,在当时属于长寿的老人了。萧统敬重耆老,派人每月前去问安,送上食品衣物。

当时,吴兴郡(今浙江省湖州市)屡遭水灾,粮食歉收。有多事的人上书朝廷,建议在吴兴境内开凿沟渠,将积水引入太湖。前交州刺史王弁奉命征调"吴郡"(今江苏省苏州市)、"吴兴"、"义兴"(今江苏省宜兴市)三郡的百姓,准备开工修渠。萧统听闻,忧心忡忡:"这些地区连年遭灾,米谷价昂。据闻已有因饥寒被迫为盗贼的,而地方官员隐瞒不报。当地不少男丁守卫边疆尚未归来,可服劳役的民夫不多,胥吏上门强行征发,难免引起骚动,或将逼良为盗……"他向父亲提议,权衡利弊,不如暂且停修工程,以安抚苦于劳役的百姓。

工程有没有继续进行?史书上并无交代。

萧梁普通三年(522年)十一月,萧衍最年幼的弟弟萧憺病故。当年萧衍出兵建康时,萧憺留守襄阳。萧梁建立后,他被封为始兴郡王,长期镇守荆州。萧憺离任后,荆州的百姓怀念不已。

在古代中国,一切行为要按照"礼"的规定来执行。

萧统是国家的副君，叔父萧憺则为臣子，太子应为其服丧三日，一个月内不奏乐。萧统觉得不妥当，让东宫学士刘孝绰详细推敲。

刘孝绰认真研究后，禀告太子："这一礼仪，属于贵人为旁系亲属服丧。丧服可以去除，但悲哀之情还须保持，所以有'服丧三日'和'一个月内不奏乐'的区别。"

萧统犹觉不安，让其他学士再作推敲。明山宾、硃异提出："'服丧'与'不奏乐'理应同步，应该统一为'一个月'，这样才真正体现出哀思之义。"

萧统予以肯定，照此执行。作为统治阶级的重要成员，萧统对"礼"的阐释与实践，体现的是治国理政的态度和行为。

萧梁以"孝"治天下。萧统贵为太子，更是以身作则。

据史书记载，萧统每次上朝，不到五更时分，便跪坐着守候在宫城门外；在东宫时，他无论是站立或坐着，总是面朝西南方向——因为，那是父亲萧衍所居殿堂的位置。

第三章　文学才华

萧梁普通三年（522年），萧统给七弟萧绎写了一封信。

在这封信中，他说自己"不如子晋""多愧子桓"——"子晋"是周灵王的太子，聪明博学，道教将他奉为神仙；魏文帝曹丕字"子桓"，文学造诣仅次于其弟曹植，是邺下（今河南省安阳市）文人集团的领袖。

萧统内心自比于王子乔与曹丕，一是他们同为帝王之子的身份；二是他们博览群书、才华横溢，尤其是后者，更与萧统有着一致的"经世致用"文学价值观。

第一节　精览儒释道

萧统从识字开始，就系统接受了儒家思想的教育。史书称，萧统天资既佳，读书又勤奋，"数行并下，过目皆忆"。他所读的两本启蒙书，是《孝经》和《论语》；五岁就熟读"五经"，"悉能讽诵"。"五经"是《书》《礼》《易》《诗》和《春秋》的合称，加上《孝经》《论语》，

昭明太子像（清刻本《古圣贤像传略》）

合称"七经"。

自萧统成为太子后，众多一流的学者文人就陆续聚拢到他的身边。这些人大致分为两类，一类为饱读经史的儒士，另一类为风流倜傥的文人。

在几位明师的教诲之下，萧统的学业不断进步。他"研精博学，手不释卷"，堪称"书痴"，出居东宫后，更是致力于收藏天下书籍，"总括奇异，征求遗逸"。东晋初年，因战乱之故，当时朝廷藏书总共才有三千多卷，而萧统在东宫就收藏了各种图书达三万多卷。为便于检索，他又命太子舍人刘遵编纂了《东宫四部目录》。

南朝时，已经开始用楮树皮造纸。楮树皮纤维坚韧，造出的纸张质量上乘，因此"楮"也成了"纸"的代称。另外，还有用藤皮和桑皮来造纸的。造纸术的改进，使得纸张成本下降，纸张供应更为充足。据说，萧纲有一次就送给友人四色纸三万张，这也使得士人传抄图书更为便利。

兰陵萧氏"皇舅房"的后人萧琛，在出任宣城太守时，遇见一位来自北方的老僧。此人身无长物，唯有一只葫芦，里面藏有《汉书·叙传》，纸张墨迹古旧，不像是南朝时

伐木造纸（清刻本《新诗造纸书画谱》）

期的。老僧说："这可能是班固手写的真本。"

萧琛再三央求，才购得此书。后来，他将《汉书》真本转赠鄱阳王萧范。萧范是萧统的堂兄，遂将此书送给太子。萧统爱不释手，还让刘之遴等人校勘两种《汉书》版本的异同。

萧统生活的时代，儒家经学、老庄思想与佛教禅理彼此冲袭激荡，对南朝文化产生了深刻影响，唤醒着文人的生命意识和性情欲望。如果说萧统学习儒家经学属于"知古"的话,那么他对佛教的接受,则可称为"通今"。

佛教在东汉时期才传入中国,至南朝时呈现出勃勃生机。佛经的玄妙高深、僧侣的传道布法,让士大夫们纷纷折腰,趋之若鹜。萧梁建立后,萧衍更是以皇帝之尊,倾心向佛。在他的影响下,萧统、萧纲和萧绎也以喜好佛理著称。

当时,建康城内高僧云集。萧统向他们学习佛经,潜心钻研并有新意。他在东宫建造了慧义殿,作为讲解佛经的场所。据传,萧梁普通元年(520年)四月,有"甘露"洒落慧义殿的屋顶。这一吉兆,被视为萧统礼佛的诚心感动上天所致。

萧梁天监十七年(518年)八月,萧统将法云等

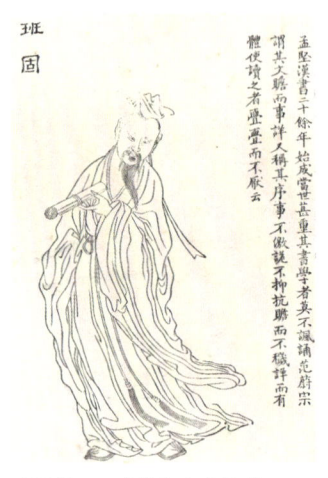

班固像——[清]上官周 绘

南朝佛像造型,现藏于四川博物院

萧梁大通元年（527年）铜造佛像，现藏于南京市博物总馆

十位高僧召到私园"玄圃",集会讲经。萧衍听说后,特地派使者前去观摩慰劳,并送上木犀如意、佛经讲疏等物品。

萧梁普通二年(521年)秋,萧统与东宫学士刘孝绰、萧子显等人前往钟山的开善寺(今名灵谷寺),向高僧智藏行弟子之礼,并请他开讲《大涅槃经》。众人乘兴赋诗,兴尽而归。

魏晋时期,士大夫崇尚清谈,老庄玄学盛行。至南朝时,玄学虽然不再是社会思潮的主流,但影响犹在。对于玄学,萧统也有自己的感悟。

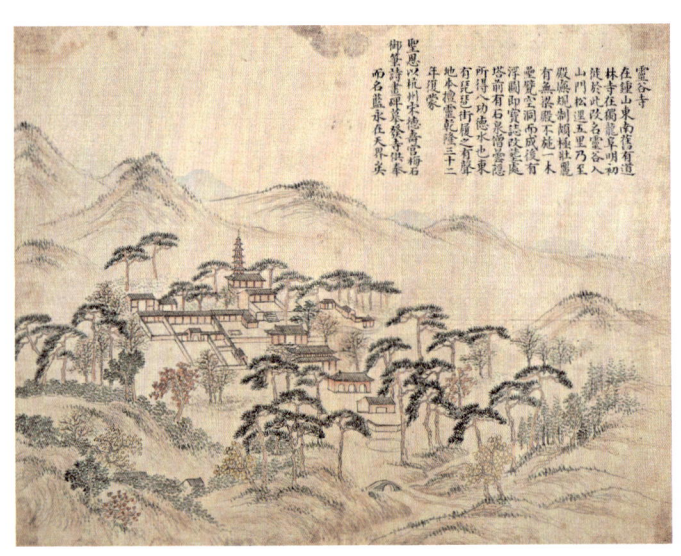

灵谷寺图——[清]钱维城 绘

史书记载，萧统在玄圃设有亭馆，与众多文人朝夕相处，诗酒流连。一次，酒酣之际，他一边拉着王筠的衣袖，一边抚着刘孝绰的肩膀，笑道："左挹浮丘袖，右拍洪崖肩。"这两句诗是东晋诗人郭璞所写，用以形容逍遥物外的仙人。萧统的这一比喻，既显示了他与王筠、刘孝绰的亲密关系，又流露出内心对玄远旷放的精神境界的探求。

萧统如同海绵一般兼容并蓄，厚积而薄发，构建起一座巍峨的知识"大厦"。

萧统在短暂的一生中，个人创作甚丰，又编纂了《文选》《古今诗苑英华》等诗文集。只是除了《文选》尚在人间，余者多已散佚。

第二节　能文善诗

萧梁天监十一年（512年），萧衍下令修订的《五礼》修撰完成，共有一千一百七十六卷。

那一年，萧统十二岁，作《大言》与《细言》二诗以示庆贺。据推断，这应该是他写诗之始的习作。

萧统生前，其诗文由刘孝绰编成文集十卷。他去世之后，萧纲又编成《昭明太子集》二十卷。岁月漫漶，这两部文集早已散佚不存。

宋代以来，萧统的诗文仅以辑本传世，今天所见已非他当时创作的全貌，能够确定为萧统所作的仅二十七首。

这二十七首诗中,有"赠别寄怀"类的,有"咏物言志"类的,有归为"乐府杂诗"类的,更有"阐述佛理"类的。

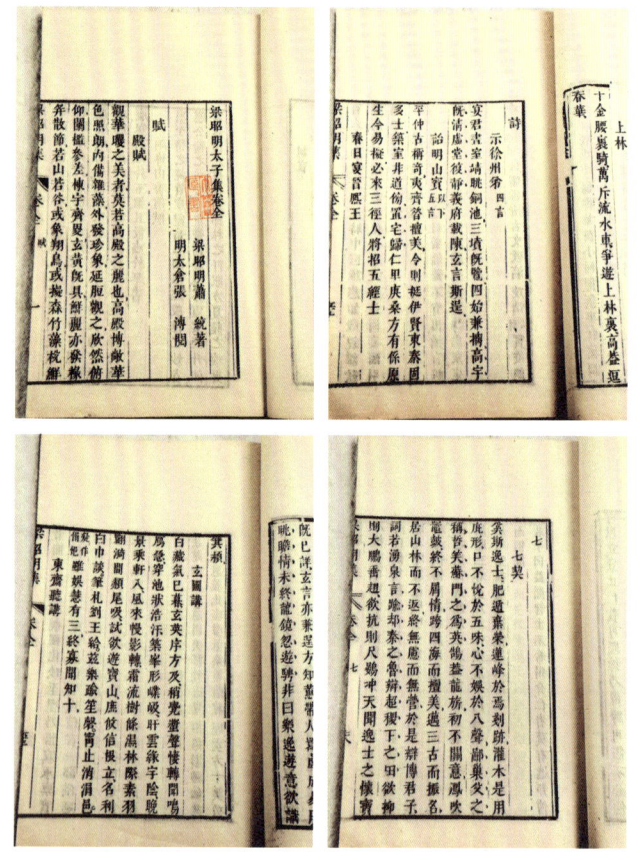

明刻本《梁昭明太子集》书影

萧统性格善良而敏感，常以诗赠别寄怀。他的《示云麾弟诗》与《示徐州弟诗》，赠予的对象是三弟萧纲。萧纲曾受封为"云麾将军"，萧梁普通二年（521年）又出任南徐州刺史，萧统遂以"云麾弟"与"徐州弟"作为萧纲的代称。

《示云麾弟诗》为萧统现存的唯一一首七言诗。"白云飞兮江上阻，北流分兮山风举。"他在诗中，以"悠悠白云""汤汤流水"寄托自己的思念之情。《示徐州弟诗》则直白地道出"欣此同席，欢焉忘饭"，兄弟情深，昭然可见。

《诒明山宾诗》作于萧梁普通四年（523年）。当时，明山宾任东宫学士。他之前担任北兖州刺史时，不慎丢失了赈济灾民的记录簿册，被有司追责，将住宅抵罪充公。萧统出资帮他修建新宅，并赠之以诗。

萧统与东宫旧人，名义上是太子与下属，实则情同亲友。明山宾去世后，萧统出面为他办理丧事，花费了十万钱财和百匹织布。萧梁中大通元年（529年），在一次酒宴阑珊之后，萧统情不自已，写下《宴阑思旧诗》，思念东宫故友，"泫泫欲沾巾"，眼泪止不住地滚落，差点湿透了衣巾。此诗风格沉郁，堪称佳作。

以诗歌描写事物，托物言志，被称为"咏物诗"。屈原的《橘颂》就是咏物诗的"老祖宗"。到了南朝，咏物诗进入兴盛期。据统计，现存南朝的咏物诗约有三百一十首。

萧统所作的咏物诗，以纯粹地描写事物本身为主，较少寄托情感，体现出他典雅方正的文学取向。《貌雪诗》写雪花飞舞之貌，状若白描；《赋书帙诗》描写了书帙的制作、形态和功用，也隐约透露出南朝贵族的生活情趣。

南朝贵族女子出行图画像砖，现藏于南京市博物总馆

他的《咏同心莲诗》虽然是写同心莲，却要"以兹代萱草，必使愁人欢"。萱草别名"母亲花"，以同心莲代替萱草，显然是希望兄弟同心，以解慈母之忧，超越了当时多以"同心莲"描写男女欢好之情的套路。

乐府，原本是汉代的一个音乐机构，"立乐府而采歌谣"。到了南朝，它已经成为一种流行的诗体，由文人填上新词，配乐歌唱。南朝乐府诗以萧纲、萧绎等人为代表，风格婉约冶艳。萧统现存的七首乐府诗，直白质朴，如同旁逸的清流。他的《饮马长城窟行》描写旅人的望乡惆怅之情，"沈（沉）忧不能止"；《长相思》写男子对爱人的相思，"徒见貌婵娟，宁知心有忆"，直白道来，近于汉魏之风。

萧统现存七首以佛教为题材的诗歌，反映出他由儒入佛的心路历程。这些诗，整体而言属于"下品"，质量不高。

作为《文选》的主编，萧统本人的文章也有较高的水准，文采与义理兼备。

《昭明太子集校注》收录了四十五篇文章，其中十二篇存疑。这些作品按照体裁分类，主要有序、书、赋、七、令、启等。

序，一般放在正文之前，用于介绍作品的内容，阐明自己的见解和立场。萧统现存的序有两篇，一篇是《文选序》，另一篇是《陶渊明集序》。它们体现了萧统对文学创作的深刻思考，文章的立论仿佛"堂堂之阵，正正之旗"，同时文采飞扬、挥洒自如，是萧统最具代表性的作品。

书，即信件。萧统所写的书信，流传至今的有七篇——《答晋安王书》《答湘东王求〈文集〉及〈诗苑英华〉书》

《答云法师请开讲书》《又答云法师书》《与何胤书》《诫谕殷钧手书》《与张缅弟缵书》。

《答晋安王书》与《答湘东王求〈文集〉及〈诗苑英华〉书》，是萧统分别写给萧纲和萧绎的。信中，他与弟弟们坦诚交流文学观点，娓娓道来，毫无长兄的架子和太子的做派。

《答云法师请开讲书》《又答云法师书》，是萧统写给僧人法云的。法云是萧梁皇室的"家僧"，也是萧统在佛学上的老师，两人书信往来，多为探讨佛理。

何胤是前辈学者，殷钧与张缅之弟张缵曾经供职东宫，萧统分别写给他们的三封书信，谈论的是学业与友情。殷钧体弱多病，他在母亲去世后，忧伤过度。萧统担心他的身体，特地去信告诫，关切之情跃然纸上。

赋，是盛行于汉魏六朝的一种文体，辞藻华丽，音韵铿锵，句式错落有致，结合了诗歌与散文的特点。萧统所写的赋，有《殿赋》《扇赋》《芙蓉赋》等，以咏物为主。

七，其实是特殊形式的赋，文章按顺序铺陈七件事，结构整齐划一。萧统在《文选》中将它单列为一种文体，称为"七"。他本人流传下来的，仅有一篇《七契》。文章通过君子与隐士的一问一答，体现出萧统徘徊在治世与隐逸之间的心声。最后，文章以儒家政治理想打动了隐士而结束。这个"光明的尾巴"，无疑也是萧统本人的现实抉择。

令，是萧统以太子身份处理政务时所下的书面命令，现存四篇。其中，较为出名的是《与晋安王纲令》，写于萧梁大通元年（527年）东宫学士接连去世之后。"音言在耳，零落相仍""天下之宝，理当恻怆"，萧统用词虽然简洁，却充满对故人的缅怀之情。

启，也是书信的一种。萧统所作的启较多，其中有存疑之作。萧梁普通五年（524年），丁贵嫔出资修建善觉寺。萧衍特地赐拨一万三千斤铜，用于铸造寺塔的承露盘。为此，萧统作了《谢敕赍铜造善觉寺塔露盘启》（一说为萧纲作），代母亲向皇帝父亲致以谢意。文章短小，却骈散相间、对仗工整，体现出南朝骈体文的典型特征。

第三节　守正出新

萧梁普通三年（522年），萧统的第一部文集由东宫学士刘孝绰编成，共计十卷。当时，萧绎正好从会稽（今浙江省绍兴市）回到京城，听说兄长新编了《文集》和《诗苑英华》（即《古今诗苑英华》），就来信求书。萧统回信作答。于是，就有了这封《答湘东王求〈文集〉及〈诗苑英华〉书》。

在信中，萧统谈及对文学创作的理解，"丽而不浮，典而不野，文质彬彬，有君子之致"。大意是："造句华丽而不浮夸，遣词典雅而不粗野，文采和内容保持均衡，才可称作君了的文章。"

"文质彬彬，然后君子"出自儒家经典《论语》，最初用以形容人的举止文雅有礼，后来引申到文学创作中。魏晋时期，曹丕与陆机对此均有议论阐发。曹丕在《典论·论文》中，甚至将文学创作视为"治理国家的大业，千古不朽的盛事"。

显然，萧统是认同这一文学价值观的。在他的精神世界里，想必也视由太子而至帝王的曹丕为典范，在行动上择善而从。

萧梁普通七年（526年），七弟萧绎出任荆州刺史，远赴江陵。萧统将自己的一架旧筝送给他，并写下《咏弹筝人诗》："故筝犹可惜，应度几人边。尘多涩移柱，风燥脆调弦。还作三洲曲，谁念九重泉？"

《三洲曲》是乐府民歌，流行于"西府"荆州一带。三洲，是巴陵（今湖南省岳阳市）附近的三个江中小洲。当时，建康城的商人乘船西上，相好的女子往往在江边唱《三洲曲》送别。因此，《三洲曲》又被称作"商人歌"。

九重泉，一种说法是"九重泉"应为"九原泉"，代称宗族所在之地；另一种说法是指上古时期"三皇五帝"之一的少昊创作的音乐《九渊》，属于古雅之乐。

"还作三洲曲，谁念九重泉"，萧统借咏筝，抒发了对兄弟亲情的珍惜。同时，这两句诗也反映出他对文学的自我理解，在典雅的古乐《九渊》和媚俗的乐府民歌《三洲曲》之间，采取的是一种折中平和、守正出新的姿态。

萧梁时期的文风，大致有三次转向。前期偏重形式上的美感，讲究音韵、格律；中期倡导典雅复古，文风趋于保守；后期宫体诗盛行，辞藻雕琢，往往流于无病呻吟。

王朝创立之初，承接前代"永明文学"的余绪，诗文音律铿锵、排比对仗，追求形式美成为当时文学创作的主流。

萧梁天监、普通年间，以裴子野为首的文人群体倡导典雅复古的文风。他们人数虽少，却因为符合萧衍以儒家经术治国的理念，受到另眼相看。萧衍就赞叹道，裴子野身体瘦弱，"其文甚壮"。而且，裴子野晚年深信佛教，一日三餐全为素食，在行为处世上也深得萧衍的赏识。

儒家认为，典雅方正的文风与王朝的兴盛相关。萧统生长于这一时期，以王朝的继承人自居，上承父亲的道德教诲，日常受到儒家学者的熏陶，加上本人宽厚仁爱的性格，大有古君子的风采。复古派的"彰君子之志，劝美惩恶"文学思想植入了他的内心，影响着他的文学行为。

然而，"典雅"并不意味着僵硬的说教。时代流俗衍变，人们对审美的追求也在不断冲破藩篱。更何况，在萧统的身边还有一群倜傥风流的青年文士。因此，萧统在"守正"之外，也尝试着"出新"，形成了"丽而不浮，典而不野，文质彬彬，有君子之致"的文学价值观。

在《文选》的序言中，萧统进一步提出了"文学是不断发展的"这一观点。他以"平民之车"与"天子之车"为例：平民拉货的板车，是"天子之车"的最初模板，两者同出一辙，而华丽的天子之车岂是朴素的板车所能比？他又以"水"与"冰"的变化为例：积水冻结成冰，两者其实是同一事物，水受冻之后，失去了原来的形态，却有了冰的寒冷。

由此可知，文学的本质是相同的，儒家思想是文学存在的基础，"观乎人文，以化成天下"；但是，文学的表现形式并非静止不变，而是因势利导，"随时变改"。

萧统响亮地宣称：事物是不断发展的，后来者继承了前者的本质，而增加着丰富性；同时对最初的形态加以精心打磨，使其改变发展。事物是这样的，文学同样如此。

这样的发展变化是渐进式的，而非激进式的，从容宽大，犹如君子一般"文质彬彬"。正因为如此，萧统被视为萧梁文学的"折中派"。

在文学实践上，萧统也力求内容与形式的折中平衡。他现存的诗歌中，既有学习前人的拟古之作，也有尝试变化的乐府新声。

萧梁中大通三年（531年）萧统去世后，王筠作《昭明太子哀册文》。王筠在祭文中写道，昭明太子"抒发感情恰到好处，所以显得文章华美精妙"。他又赞美昭明太子"喷薄的思绪仿佛泉水奔流，清雅的词章如同白云堆积"，一位温文尔雅的文人形象跃然纸上。

随着萧纲入继东宫，"新变派"旗帜大张，萧梁文风转向了雕琢冶艳，"朝野纷纷，号为宫体"。萧纲在《昭明太子集》的序言中，对兄长的德行大加赞扬，弦外之音或许是"兄长的文学才华，比自己稍显逊色呢"。

确实，正如钟嵘《诗品》将曹丕列为"中品"，而将其弟曹植列为"上品"一样，萧统的创作才能也不如萧纲、萧绎。但他性格宽厚，对弟弟们的才华欢欣有加，每有新作都渴望先睹为快，"睹物兴情，更向篇什"。

另一方面，萧统对"丽而不浮，典而不野"的文学观坚持始终。他主编《文选》时，选录曹丕的作品九篇，曹植的作品三十二篇。就数量而论，曹植遥遥领先；而从作品的内容来看，萧统更注重曹丕以太子和皇帝身份创作的作品，例如领"文学批评史"先声的《典论·论文》、回忆邺下文学活动的《与吴质书》等。

如果历史可以假设，萧统没有英年早逝并继承了帝位，或许将成为"曹丕第二"；同样可以假设的是，以萧统的宽厚善良，绝不会重现曹氏兄弟"本是同根生，相煎何太急"的情形。

第四章　编纂《文选》

萧梁天监十五年（516年），萧衍命徐勉举荐有学之士，编纂一部名为《华林遍略》的类书。所谓"类书"，就是大型的参考书，从多种书籍中分门别类地辑录资料，以备查找。

事情的起因是：当时，刘孝标独立编纂了《类苑》一百二十卷，时人认为这部书囊括了天下的事物，无一遗漏。

刘孝标绰号"书淫"，嗜书成癖。他性格率真，但是萧衍却不喜欢他。见刘孝标编成《类苑》，萧衍就让徐勉召集人在皇家宫苑华林园内合作编纂《华林遍略》，历时八年终于完成，共计七百卷，远远超过了《类苑》。因为这部书是在华林园编纂的，遂定名为《华林遍略》。

事实上，萧衍下令编纂《华林遍略》的目的，在于将"话语权"掌握在朝廷手中。正如当年的曹丕下令编纂中国的首部类书《皇览》一样，由皇帝亲自审定，故而称为

"皇览"。"建国君民，立教为首"，即便是编书这样的文学活动，其实也是一种政治行为。

萧统身为太子，受到父亲下令编纂《华林遍略》的启发，编纂《文选》的想法油然而生。

第一节 成书年代

《文选》，是现存最早的一部诗文总集。

自先秦、两汉以来，随着文学的发展繁荣，"文籍日兴，散无统纪"，于是，有心人开始编纂"总集"。只是这些诗文总集早已散佚，唯有《文选》流芳千古。

萧统十五岁行冠礼后，开始辅佐父亲处理政务。公务余暇，他"历观文囿，泛览辞林"，广泛阅览自先秦、两汉以来的文章诗赋，上下千年，汗牛充栋，认为有必要将其中的糟粕去除，留下精华。

几乎在《华林遍略》开始编纂的同时，萧衍下令在东宫设置学士，陆续有十多位儒士、文人跻身其中。东宫之内，人才济济。他们是萧统研究学理的顾问、文学创作的同好，以及编纂文集的得力助手。

其时，台城文德殿、华林园等处有图书数万卷，东宫亦藏书三万多卷。"天时""地利""人和"全备，编纂《文选》的工作已是张弓待发了。

时光流转。六年之后的萧梁普通三年（522年），东宫学士刘孝绰已替萧统编成十卷文集。与此同时，萧统本

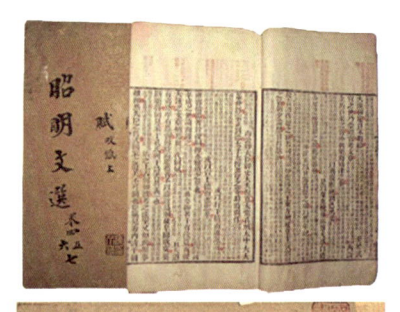

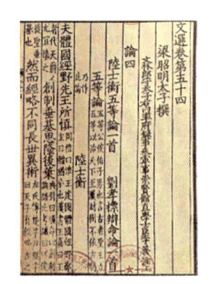

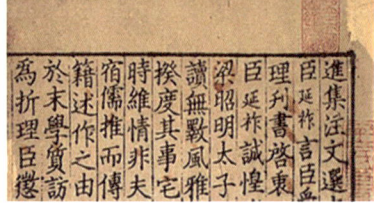

各种版本的《文选》

人也在刘孝绰等东宫学士的辅助之下，先行编纂了《诗苑英华》二十卷。

七弟萧绎听说后，急欲求书一观。萧统回以《答湘东王求〈文集〉及〈诗苑英华〉书》。他在信中说，过去几年乘闲暇时"搜采英华"，才有了《诗苑英华》一书。不过，此书"未易详悉，犹有遗恨"。言外之意，他尚有雄心再编纂一部胜过《诗苑英华》的诗文总集。

经过五六年时间的前期准备工作，萧梁普通四年（523年），《文选》进入真正的编纂阶段。那一年，萧统二十三岁，才智与精力均处在上升期。

参照此前钟嵘所写的《诗品》体例,《文选》同样采取了"不录存者"的原则,即只选录已故文人的诗文作品。这一时间分界线,大致在萧梁天监十二年(513年)之前。这一年,萧梁开国功臣、文坛领袖之一的沈约离世,这也象征着一个文学时代的结束。

到了萧梁普通七年(526年),《文选》编纂工作已经大体完成。萧统为这部诗文总集写下一千余字的《文选序》,系统说明了自己的文学观、《文选》的编辑思想以及选录作品的标准。

人生浮沉,起落不定。

萧梁普通六年(525年),萧统最重要的助手之一刘孝绰与曾任东宫学士的到洽关系不和睦,遭对方弹劾而被免官。刘孝绰的兄弟们又对到洽群起而攻之。双方皆为东宫旧人,萧统左右为难,只得置之不问。

萧梁普通七年(526年)秋,陆倕病故。他是萧齐永明年间的"竟陵八友"之一,资格极老。在此前后,还有多位东宫故旧亡逝。陆倕生前所写的诗句"双栖成独宿,俱飞忽异翔"一一印证,怎不令萧统"眷言

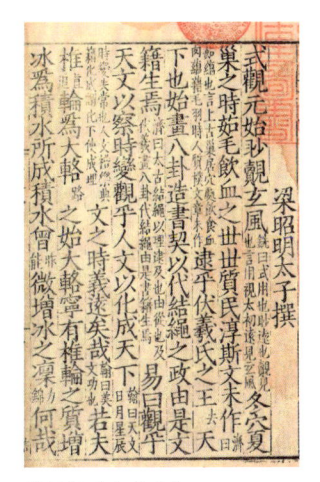

萧统撰《文选序》

思亲友，沉思结中肠"？

同年十一月，萧统的母亲丁贵嫔突然生病，匆匆撒手人寰。根据礼制，他须为母亲服丧一年。

服丧期间，萧统严格遵守礼制的规定，无法继续进行《文选》的修订工作。待服丧期满，他想起远在荆州的刘孝绰，就将其召回担任太子仆，协助自己修订完成《文选》。

孰料，刘孝绰不久也由于母亲去世而居家服丧，协助修订《文选》之事只得草草收场。最后补录进《文选》的，仅为陆倕、刘孝标、徐悱三人的作品。三人均病故于普通年间，而以陆倕去世最晚。

萧梁中大通元年（529年），《文选》大体上定稿。

两年后，萧统也走完了他的人生路。

第二节　编辑思想

萧梁天监十二年（513年），沈约病故，享年七十三岁。

他与范云是萧衍的老友，齐梁易代之际，两人运筹帷幄，为萧梁的创建立下大功。萧衍对此做过评价："我起兵以来，文臣武将立下汗马功劳的不在少数，然而帮助我成就帝业的，只有范云、沈约二人。"

沈约撰有历史著作《晋书》与《宋书》，其中《晋书》散佚殆尽（今仍有一卷），《宋书》则流传至今。在《宋书·谢灵运传》的最后一段，他以"史臣曰"（官方历史作者的话）的口气作了一篇史论，回顾了自《诗经》《楚辞》以来的文体流变，细数历代的文坛才子佳作，不啻为一部起自先秦讫于齐梁的文学简史，"是以一世之士，各相慕习"。

萧统编纂《文选》的目的，与沈约的"史臣曰"如出一辙，即要在浩渺无边的文海中"浓缩一部具有标杆作用的文本，藏之名山，流芳百世"。

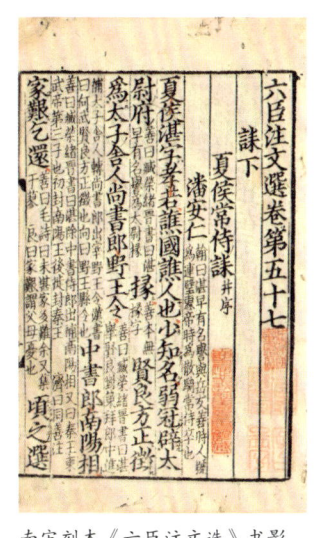

南宋刻本《六臣注文选》书影

清代学者阮元在《书梁昭明太子〈文选序〉后》中说，"昭明所选，名之曰'文'，盖必文而后选也，非文则不选也。"

何为萧统心目中的"文"？又如何选择？

首先，必须是"事出于沉思"。

萧统所说的"事"，显然是指"经国之大业，不朽之盛事"，是用来褒扬丰功伟业、歌颂仁义道德的，或者是可以匡正纲纪，对治理国家起到拾遗补阙的作用。

开国之初，萧衍就大力倡导儒学，下令设置"五经"博士、修订《五礼》，并亲自撰写了《春秋答问》《尚书大义》等阐释儒家思想的著作。

屈原《九歌》图卷——[元]张渥 绘

皇帝祭祀天地和祖先时，要用特定的音乐和歌辞，被称为"郊庙歌辞"。之前的郊庙歌辞由沈约修撰。萧衍对此并不满意，"郊庙歌辞应该使用典雅古奥之词，不得掺杂浅显的语言"。他采纳萧子云之言，令其依照"五经"的规范，加以重修。

作为王朝的继承人，萧统自幼便接受了系统的儒家思想教育。父亲的一言一行，必然影响着他的思想轨迹。因此，萧统编纂《文选》，与父亲下令修订《五礼》和"郊庙歌辞"一样，目的在于用文学的手段"经世致用"，将儒家思想昭示天下。

在《文选序》中，萧统特地引用《周易》与《诗经》的名言，申明：符合儒家"风雅之道"的文风才能够兴国安邦，而靡靡之音是国之将亡的表现。

他将经、史、子与"文"区别开来，特别提出，《文选》不收录儒家经典，先秦诸子、忠臣贤士与辩论家的言辞，以及纪实性的历史作品。

第一类，是托名为周公、孔子的著作，例如《周礼》和《春秋》。萧统说，它们是儒家思想的准则，"惊天地、泣鬼神"，一字千金，不能随意删减，更不能选录。

第二类，是《老子》《庄子》《管子》和《孟子》等诸子百家之作，世人应该关注它们的思想观点，而非文章技巧；另外，在《国语》《战国策》等书中充斥着忠臣贤士与辩论家的言辞，内容虽然精彩铿锵，流传一时，但这种纵横机变的文风偏离了"典正"的轨道，也就不予以收录了。

第三类，是单纯标注年月、记载事件的历史作品。通过它们，可以了解历史的细节，分辨是非、臧否人物，但是，若用文学的标准来衡量，它们仅为材料的剪裁运用，像《汉书》就用了很多《史记》中的材料，平铺直叙，文字无奇，所以不能录入《文选》。其中的例外是"史论"类的文字，例如《汉书·公孙弘传赞》《晋纪·总论》等，它们不同于简单地陈述事实，而是作者对历史的分析与感悟，讲究辞藻和句式，有着鲜明的文字个性，因此可以被称为"文"，自然可以为《文选》收录。

"事出于沉思"，可以理解为，作者对于题材要有深沉的构思，从中选择有助于"经世致用"教化作用的对象，进行文学创作。

其次，必须是"义归乎翰藻"。

"义"，重在内涵的陈述，而通过优美的文字体现出来，即"归乎翰藻"。

事实上，早在战国时期，孟子在谈及孔子著《春秋》时，就提到了"事"与"义"。他说："自从君王不再派官员去各地采集歌谣，《诗经》这样的作品就没有了；之后，出现了类似《春秋》的史书，例如晋国的《乘》、楚国的《梼杌》等。它们记载了齐桓公、晋文公等诸侯的事迹，是由史官记录为文字。对此，孔子谦虚地指出，'这些史书里的微言大义，我悄悄地体现在鲁国的《春秋》里了。'"

对孟子的观点，萧统应该是熟悉的。他进一步认为，"文"既要有《春秋》这类经典具有的"事"与"义"；同时，也要体现出自身的艺术属性，是"事"与"义"、"沉思"与"翰藻"的有机统一。

第三节　作品分类

三十卷的《文选》，收录了先秦至萧梁的七百多篇作品，始于班固的《两都赋（并序）》，结束于王僧达的《祭颜光禄文》。入选作品的作者，有姓名的约为一百三十人，另有《古诗十九首》等少数作品题为无名氏所作。

这些作品大体分为赋、诗、文三类。

"赋"，列于《文选》的开端。

这一文体盛行于汉代,因此又称为"汉赋"。它的作用是"体万物情状"以"铺陈政教善恶",通过对事物的具体描写,评述施政教化的好坏得失。

《文选》一共收录了五十二篇赋,根据作品内容的不同,又分为十五个子类:包括京都、郊祀、耕藉、畋猎、纪行、游览、宫殿、江海、物色、鸟兽、志、哀伤、论文、音乐、情。

自先秦楚辞与赋体的分离开始,从汪洋恣肆的"大赋"到以抒情为主的"小赋",从骈散相间的"汉赋"到讲究对偶丽辞的六朝"骈赋",《文选》对赋体作品的精心编排,如同一部赋体发展小史,其中的脉络清晰可循。

其次,是"诗"。

"诗言志,歌永(咏)言"。萧统在《文选序》中认为,诗是有了内在的感情积累,并通过整齐匀称的文字形式表达出来,主要是四言诗和五言诗,又有三言诗,甚至还有七言、九言诗,林林总总,各有特色。

《文选》中收录了四百三十多首诗,分为二十三个子类:补亡、述德、劝励、献诗、公宴、祖饯、咏史、百一、游仙、招隐、

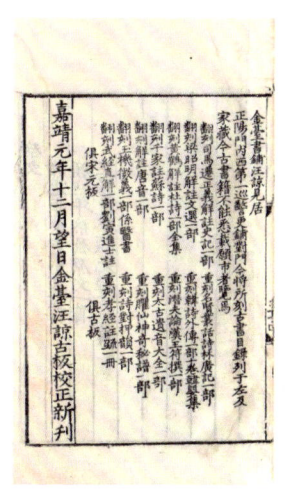

(明刻本《文选》书影,书中附有已知较早的图书广告)

反招隐、游览、咏怀、哀伤、赠答、行旅、军戎、郊庙、乐府、挽歌、杂歌、杂诗、杂拟。

它们大多数是魏晋至南朝时期的作品,以苍郁崔嵬、典雅古朴的五言诗为主,体现了当时的主流诗风。

跟随"诗"后的,是"骚"两卷,收录有屈原《离骚》《九歌》、宋玉《九辩》《招魂》、刘安《招隐士》等,共计十七篇。

此前,"骚"与"赋"往往混为一体,萧统在编纂《文选》时,特意将"骚"单列出来,其中屈原之作又占了大半,体现出他对屈原所代表的"忠君"精神的推崇。

"骚"以下,统归于"文"。

据统计,《文选》共计收入了一百六十一篇文章。依照不同的用途,它们又具体分为三十四类。

西晋的陆机在《文赋》中,将"文"大致分为诗、赋、碑、诔、铭、箴、颂、论、奏、说十类。萧统编纂《文选》时,更是极大地丰富了"文"的种类。例如,自西汉文人枚乘首创《七发》之后,"七"这个文体就流行于魏晋南朝,在文学之林中卓然自立。因此,萧统将它列为"文"类中打头的文体。

从诏、令到墓志、祭文,被《文选》收录的大多数文章偏重于应用,立意鲜明,朗朗上口,在各自领域里起着"教科书"式的示范作用。

《文选》通过对收录作品的分类,对萧梁之前的文体做了系统的考察，辨析文体，精选范文；每一类中，又按时代的先后编排次序，如中药铺子一样排列整齐。

第五章　一代"选圣"

"建金城而万雉，呀周池而成渊。"

这是《文选》开篇之作《西都赋》中的两句，大意为："西都长安的城池雄阔坚固，护城河宽广得宛如深渊。"

萧统将描写帝王居所的"京都"赋置于《文选》之首，既表明了他编纂《文选》的主旨，又是对这部诗文总集的客观写照——

它仿佛是一座雄伟的城市，"城内"精英荟萃，洋洋大观。

历史学家范文澜在《中国通史》中对《文选》的评价是，自先秦至齐梁的"七八百年间各种重要文体和它们的变化，大致具备。固然好的文章未必全得入选，但入选的文章却都经过严格的衡量。可以说，萧统以前，文章的英华基本上总结在《文选》一书里"。

第一节　诗文宝库

收录在《文选》中的作品，是萧统本人思想境界和审美追求的体现。他精心选择，别具慧眼。在这些作品中，文字优美、音律和谐的诗赋和骈体文占了很大比例，"各以时代相次"，又略古详今，先秦之前的作品数量不多，而两汉至南朝的名篇佳作大多入围。

在《文选》所收的五十二篇赋中，两汉魏晋之赋独占鳌头。今天依然为人熟悉的赋，有班固《两都赋》、司马相如《上林赋》、曹植《洛神赋》、左思《三都赋》等。

相比于东汉之后以抒情为主的"小赋"，汉代"大赋"题材宏大、铺陈夸张，代表作如《两都赋》《二京赋》等尽为《文选》选录。

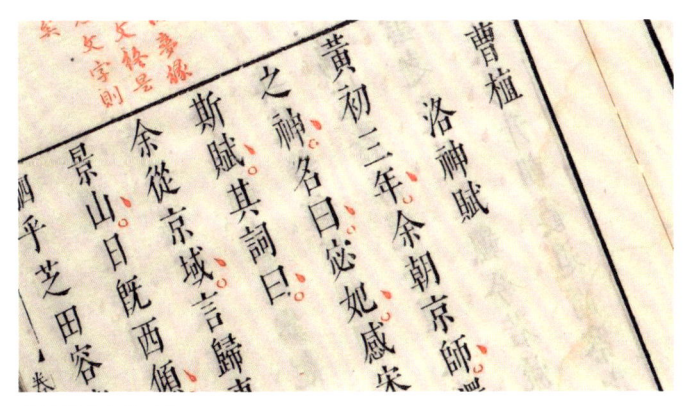

曹植撰《洛神赋》

蔡邕像（清刻本《古圣贤像传略》）

东汉时，王延寿游历曲阜（今山东省曲阜市），写下了《鲁灵光殿赋》。它是汉代大赋的"殿军"之作，著名文人蔡邕读后，赞叹不已，他原本也打算写《鲁灵光殿赋》的，至此罢笔。这篇作品同样被收入了《文选》。

魏晋南北朝时期，抒情小赋广为流行，大赋渐渐退出了文学的舞台。《文选》选录了二十多篇小赋，它们或写景或咏物，明月白雪、长箫短笛，通过作者的笔端而呈现给世人，寄托情思与抱负。

寥寥可数的大赋中，以左思《三都赋》最为有名。左思是西晋人，其貌不扬，却才华横溢。他构思十年时间，创作了《三都赋》，描写魏、蜀、吴三国都城的壮丽景象。作品问世后，洛阳士人纷纷传抄，以至于纸张供不应求，价格上涨。"洛阳纸贵"的典故由此得来。

在《文选》收录的四百三十多首诗中，以荆轲《易水歌》年代最早，它仅有两句，因此被列入"杂歌"类。"风萧萧兮易水寒，壮士一去兮不复还"，慷慨悲壮，至今读来凛凛有生气。

五言诗自东汉开始渐渐风靡，到魏晋南北朝时已蔚然可观。《文选》收录了两百余首五言诗，约占全部诗歌的一半。可见萧统对五言诗的偏爱。

被称为"五言冠冕"的《古诗十九首》，诞生于东汉晚期，标志着五言诗由民间编词转为文人的案头创作，作者已经无法考证。如果不是萧统将它们汇集收入《文选》，这些朗朗上口的诗篇恐怕就会失传了。

继《古诗十九首》之后，萧统选录了署名"苏武"与"李陵"的七首赠答诗。苏武、李陵是西汉人。李陵为"飞将军"李广之孙，兵败投降匈奴，老死于塞外。苏武奉命出使匈奴，被扣留十九年，固守节操。匈奴人无奈，将他放还中原。临别时，据说苏武与李陵有诗赠答，"携手上河梁，游子暮何之"，两人互道珍重，各去天涯。

苏武像（清刻本《无双谱》）

苏李之诗形式规范，情感真挚。唐代大诗人杜甫甚至声称，"李陵、苏武是我的老师"。不过，它们很可能是东汉魏晋时期的拟作。

萧统不是考据家，他选录苏李之诗的动机，只是将它们看作五言诗的正宗，开启了一代诗风。萧梁文坛"复古派"的代表裴子野就认为，东汉的刘桢、三国的曹植壮大了五言诗的"风骨"；西晋的潘岳、陆机强化了它的"修辞"；到东晋和南朝时，谢灵运、颜延之等人对此依然有所继承发扬。

魏晋南北朝时期，诗人辈出，宛如星河灿烂。"建安之杰"曹植、"太康之英"陆机和"元嘉之雄"谢灵运更是其中的佼佼者。在《文选》的"诗人排行榜"上，陆机、谢灵运、曹植分列"状元""榜眼""探花"，正是这一时代公论的体现。此外，萧统对王粲、潘岳、嵇康、阮籍、颜延之、鲍照、沈约、江淹等诗人青眼有加，收录他们的诗篇较多。

东晋玄言诗人孙绰、许询以文才著称，但诗作空言玄理、味道寡淡，《文选》一首未收。

四言诗的历史早于五言诗，在中国第一部诗歌总集

杜甫像——[清]上官周 绘　　谢灵运像（清刻本《古圣贤像传略》）

《诗经》里，大多为四言诗。及至南朝，四言诗主要用于庙堂，主旨为赞颂朝廷的圣明、儒家的美德。《文选》收录了三十八首四言诗，多是形式庄重、内容呆板的"庙堂诗"，唯有曹操《短歌行》和嵇康《赠秀才入军》等少数几首有着真情实感，最为有名。

曹操《短歌行》据传写于赤壁之战的前夕。大战将启，又会有无数生灵遭到涂炭，"对酒当歌，人生几何。譬如朝露，去日苦多"，诗人的喃喃自语，虽已过去千年，依然萦绕在耳边。

《赠秀才入军》是嵇康为送兄长嵇喜参军而作，共有十八首，其中佳句迭出，"风驰电逝""生若浮寄"等已经化作了成语，常常为今人引用。

《文选》只收录了七首七言诗。主要原因是，七言诗

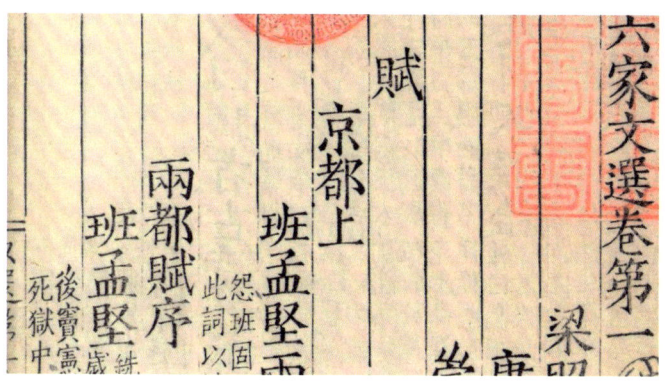

明刻本《六家文选》书影

在当时多为民间的通俗创作。曹丕《燕歌行》，被认为是第一首由文人创作的七言诗。"秋风萧瑟天气凉，草木摇落露为霜。"或许是诗中委婉缠绵的情绪，打动了"素爱五言"的萧统，才被收入《文选》的吧。

齐梁之际，人们将有韵律的骈文称为"文"，无韵律的散文称为"笔"。在《文选》中，文笔俱佳的文章如过江之鲫，不胜枚举，体现了萧统的高雅品位和独到眼光。其中，至今为人称道的散文名篇就有李斯《谏逐客书》、贾谊《过秦论》、司马迁《报任少卿书》、陈琳《为袁绍檄豫州》、诸葛亮《出师表》、李密《陈情表》、嵇康《与山巨源绝交书》、陶渊明《归去来兮辞》，等等。

此外，对于论、赞、吊文、墓志一类的应用文体，萧统亦精心挑选，力求探骊得珠。东汉蔡邕擅长写作碑铭，求者众多。名士郭有道死后，有上千人前来追悼。碑文由蔡邕撰写，他对好友卢植说："我写了这么多的碑文，多违心颂扬之词，唯有这一篇可以问心无愧。"《文选》就将这篇《郭有道碑文》收录在内。

萧统认为赞论"综缉辞采"、序述"错比文华"，在《文选》中选录了班固、范晔、沈约的多篇史书赞论。其中，赞作为一种史书体例，由《后汉书》作者范晔首创。他在《后汉书》"纪"与"列传"之后，均附有一篇四言韵语的赞，采用春秋笔法，寓含褒贬。范晔自称："这些赞是我精心构思而成，字字珠玑，一字不易。"后来，萧子显修撰《南齐书》、房玄龄等人修撰《晋书》时，也采用了"赞"这一体例。

魏晋南北朝时期，骈文流行。"骈"的本意是两匹马共驾一辆车。顾名思义，骈文讲求语言的对称美，句式两两对偶，注重用典和声律。

先秦的《谏逐客书》中，就有了骈文句式，骈散相间，有音韵铿锵之美。汉魏之际，骈文趋于成熟。东汉末年的官渡之战，陈琳为袁绍幕府书记，写下《为袁绍檄豫州》一文，造句工整，声情并茂。据说，当时曹操正卧病在床，读了这篇檄文竟出了一身冷汗，不治而愈。

南朝是骈文的鼎盛期。萧衍父子追求风雅、笃好文章，促成了骈文的兴盛。当时，上至庙堂的诏令，下到友人之间的书信，几乎全用骈文写作，甚至一味追求辞藻华丽、对偶繁复。诸如"暮春三月，江南草长，杂花生树，群莺乱飞"（《与陈伯之书》），是童子也能背诵的名句。

三月三日上巳节，南朝士大夫会在水边雅集，饮酒作诗。颜延之、王融等人都写有《三月三日曲水诗序》，名声甚至传播到北魏境内。某年，北魏使者来到建康，向王融求看他所作的《三月三日曲水诗序》。次日，使者对王融说："过去看司马相如的《封禅文》，体会到汉武帝的功业；现在看了王生的《曲水诗序》，才知道贵国君主的气象。"《文选》将颜延之、王融的《三月三日曲水诗序》一并收录，供后人品评。

事实上,《文选》将先秦至魏晋南北朝的佳作几乎"一网打尽",构建起一座"诗文宝库"。众多文章诗赋正是凭借《文选》而流传至今。由于品鉴精湛,人们将《文选》所辑录代表的文学作品称为"选体"。

但是,也偶有"遗珠"——

汉魏乐府现存有一百多首,《文选》虽然列出了"乐府"类,却只收录文人的拟作,真正来自民间的诗歌如《薤露》《蒿里》等均未收入。

因为《文选》"不录存者",范云、沈约等人非常欣赏的诗人何逊尽管写出了"岸花临水发,江燕绕樯飞"这样的佳句,竟无一篇作品入选。

骈文名作《与朱元思书》的作者吴均,文字清新挺拔,尤以小品书札见长。他私修记录萧齐历史的《齐春秋》,秉笔直书,得罪了萧衍。萧衍下令将《齐春秋》书稿付之一炬。《文选》不收吴均的作品,缘故大概在此。

萧统极为推崇陶渊明,只恨自己晚生了七十多年,不能与他同处一个时代。但萧统认为,在陶渊明的作品中,"白璧微瑕者,唯在《闲情》一赋",遂在编纂《文选》时弃《闲情赋》而不取。

第二节　陶渊明的知音

《文心雕龙》《诗品》和《文选》,是诞生于齐梁时期的三部文学专著。《文心雕龙》对陶渊明只字未提;《诗品》将汉魏以来的诗人分为上品、中品和下品，陶渊明的诗被置于"中品"，评价未免过低。

萧统却独爱陶渊明，不但在《文选》中选录了他的九篇作品，还亲自为他编集、作传。

萧统是这位伟大诗人的知音。

陶渊明在《宋书》《南史》和《晋书》中均有传记。萧统写《陶渊明传》

陶渊明像（明刻本《古先君臣图鉴》）

时，大概参照了沈约之前在《宋书·隐逸传》里对陶渊明的记载。沈约仅说陶渊明"少有高趣"，而萧统又增加了"博学，善属文""颖脱不群，任真自得"等形容词，点明了陶渊明爱好读书、擅长诗文以及率真潇洒的性格。此后的《南史》和《晋书》，沿袭了萧统对陶渊明的这一描述。

陶渊明生活在东晋晚期、刘宋初年。他是东晋重臣陶侃的曾孙，寻阳郡柴桑县人（今江西省九江市柴桑区）。陶氏属于江南寒族。陶侃为一代名将，崛起于东晋之初的纷纭战乱中。但在他死后，陶氏家门中落，位处东晋门阀

陶渊明诗意图册——（清）石涛 绘

政治的边缘。

陶渊明早年丧父,二十九岁入仕,被江州刺史征辟为幕僚,由于不堪吏职,弃职回家。后来,他又做过几任小官,长则三年,短仅为半载。四十一岁时,陶渊明做了彭泽令(彭泽县令。彭泽,古县名,位于今江西省九江市境内)。岁尾年暮,寻阳郡的督邮来县里视察。属吏建议陶渊明:"督邮是代表太守前来的,您要服装整齐,以下属见上司的礼节去见他。"陶渊明叹道:"我岂能为区区五斗米的俸禄,向小字辈折腰?"他在县令任上八十多天就挂冠而去,从此不再出仕。

陶渊明"性本爱丘山",有草屋八九间,田地十多亩。他写有《五柳先生传》,被认为是一种自我形容——躬耕于田亩之间,以读书、写诗、饮酒而怡然自乐,"结庐在人境,而无车马喧""采菊东篱下,悠然见南山"。

东晋覆亡后,陶渊明又在刘宋王朝生活了七年,六十三岁时去世,安葬于柴桑(古县名,在今江西省九江市境内)的南山之下。

在弥漫着唯美雕琢风气的南朝文坛上,陶渊明是一位"孤独"的行吟者。

陶渊明的人生思想为"承袭魏晋清谈之结果",既遵从儒家的道德观念,又追求道家玄远旷放的生活态度,在大自然中陶冶性情、物我合一,从生死有常的无端烦恼中解脱出来,"一生复能几?倏如流电惊。鼎鼎百年内,持此欲何成?"

他留下了一百二十多首诗、十二篇辞赋和散文。这些作品恰如其人,风格清新,意蕴绵长,仿佛一股山间清流,涤荡着人们的心灵。

作为一位隐逸诗人,陶渊明与儒家的积极入世格格不入,正如萧统在《七契》中所写的"奚斯逸士"。奚斯逸士是虚构的人物,而陶渊明却是真实地来过人间,又飘然远去。

在萧统的内心有着矛盾的一面。一方面,他是帝位的继承人,读书做人以"经世致用"为目的;另一方面,他"性宽和容众",向往山水自然之美,与陶渊明的精神世界有契合之处。"不惜歌者苦,但伤知音稀。"在当时,萧统能够突破文坛主流的影响,大力褒扬陶渊明的诗歌,是付出了极大勇气的。

萧统在《陶渊明集序》中赞扬这位诗人"贞志不休,安道苦节",不与世俗同流合污,是真正的贤人志士;他的诗文精彩无匹、卓尔不群,"横素波而傍流,干青云而直上"。萧统折服于陶渊明的品格与才华,"爱嗜其文,不能释手,尚想其德,恨不同时"。

萧统编纂《文选》时,收录了陶渊明的《始作镇军参军经曲阿作》《饮酒·结庐在人境》以及《归去来兮辞》等八首诗、一篇文章。

在《文选》中,以数量论,陶渊明与曹丕并列第十三位;在所有的东晋作家中,陶渊明位列第一。《文选》收录的陶渊明诗文，清晰地勾勒出他向往自然田园、以隐逸为乐的主旨。

此外，萧统在旧有版本的基础上，收集整理了陶渊明

陶渊明撰《饮酒》诗

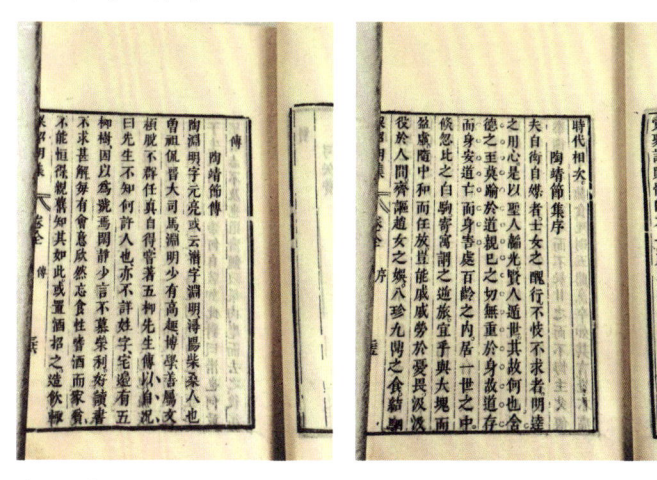

萧统撰《陶渊明传》　　　　　　萧统撰《陶渊明集序》

的所有作品，重新编定为八卷的《陶渊明集》。它是中国文学史上的第一部文人专集。萧统版本的《陶渊明集》今已失传，现存的最早版本是南宋末元初的刊本。但是，萧统通过编辑陶渊明集、写陶渊明传、《文选》选录其作品的方式，历史上第一次对其人其文做了系统评价。

由此，"隐逸诗人"陶渊明走入大众的视野，经过代代传诵，凝结为中国文化的一个符号。

第三节　流芳后世

萧梁承圣三年（554年），西魏军攻破江陵，梁元帝萧绎遇害。城中数万官吏百姓成为俘虏，被押送长安（今陕西省西安市）。在长长的北上队伍中，有一位名叫萧该的青年。他是鄱阳王萧恢之孙，萧统的堂侄。

萧该秉承了兰陵萧氏好学的基因，知晓经史，对《汉书》尤为精通。进入隋代，他被任命为国子博士，讲授《汉书》，学生有数千人。当时，陆法言正在编纂《切韵》。萧该参与了文字读音的审定工作，可见他对音韵学也很擅长。

中国的科举制度始于隋代。主考官出题时，会参考《文选》里的诗赋文章。这样一来，《文选》渐渐成了做官的"敲门砖"。为方便天下的读书人，萧该为《文选》作了音义注释，写出《文选音义》一书。

自萧该开始，对《文选》的研究和注释成为一个专门的学问，被称为"文选学"。附带说一句，隋炀帝杨广的皇后是西梁明帝萧岿之女。萧岿的祖父就是"昭明太子"萧统。对于《文选》的传抄流传，杨广出力甚多。

几乎与萧该同时，来自江都（今江苏省扬州市）的学者曹宪也撰写了一部《文选音义》。曹宪一生经历了梁、陈、隋、唐四朝。在他的少年时代，《文选》已经流行于江淮一带。曹宪成年后以博学著称，必然是熟读《文选》的。隋代初年，他的名声已经很响亮了。杨广坐镇江都，据称就慕名拜访过他。

不久，曹宪出仕为官，在都城长安聚众讲学。"初唐四杰"之一的卢照邻就曾跟随他学习音韵文字和经史。后来，他又奉命编纂《桂苑珠丛》，这是一部大型词典，有一百卷之多。对于他撰写的《文选音义》，史书称"为当时所重"。可惜，萧该与曹宪的《文选音义》都失传了。

曹宪晚年归隐家乡，据说活了一百零五岁。他的旧宅在扬州的"文选巷"中，他的名字已与《文选》紧密相连。

曹宪的学生李善是集大成者，也是一位幸运儿。他将《文选》由原来的三十卷拆分为六十卷，详为注释，引书多达一千七百多种，多次更改稿件。唐显庆三年（658年）九月，李善向朝廷进呈《文选注》定稿，上表说，昭明太子"撰斯一集，名曰《文选》。后进英髦，咸资准的"——《文选》这本书已成为读书人写作品评诗文时的准则，为方便阅读理解，他才撰写了《文选注》。高宗李治赐绢一百二十匹以示奖励，并将《文选注》收藏于秘阁中。

李善祖籍江夏（今湖北省武汉市），家居江都，学问贯通古今，但写作能力一般，被有些人讽刺为"书簏"——装书的箱子，隐含着读书虽多却不善于运用的意思。

唐高宗李治时期，李善做过崇文馆学士等馆职，为李治与武则天所生的章怀太子李贤讲授课。受武则天外甥贺兰敏之的牵连，他一度流放姚州（今云南省姚安县），后来被召还。

唐代的进士科考试，试题以诗赋为主。因此，"文选学"的地位日益重要。李善晚年住在汴州（今河南省开封市）与郑州（今河南省郑州市）两地，以讲授《文选》为业，广征博览，"号为精详"，前来听讲的学子众多。

到了唐开元六年（718年），由朝廷官员主持的《文选集注》完成，进献给玄宗李隆基。这部《文选集注》合计三十卷，又称"五臣注"，其注解颇多疏漏，在当时却比李善《文选注》更受世人青睐。宋代人将李善《文选注》与"五臣注"合刻，加

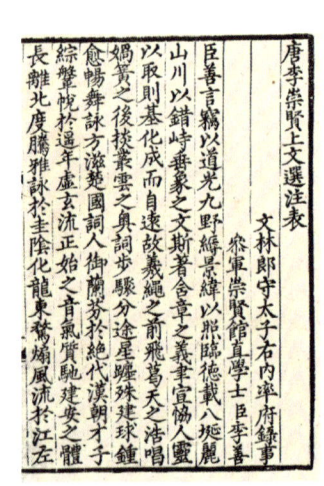

李善撰《上〈文选注〉表》

以剪裁整理，称为"六臣注《文选》"。

伴随着历史的车轮驶入大唐帝国，文学创作也迎来了"黄金时代"。尤其是诗歌，既吸收了先秦时期《诗经》《楚辞》的文化养分，也将南朝诗歌的格律和章法发扬光大。

唐代诗坛，灿若星河。无论是盛唐的"诗仙"李白和"诗圣"杜甫，中唐的白居易、元稹，还是晚唐的"小李杜"李商隐、杜牧，无不受到《文选》的熏陶。

从李白的诗中可以看出，他对《文选》颇下了一番苦功，尤其推崇谢灵运、谢朓和鲍照，抒发着"令人长忆谢玄晖""中间小谢又清发"等感慨（谢朓字玄晖，曾任宣城太守，人称"谢宣城"，又与大谢[谢灵运]并称"大小谢"）。李白喜欢谢朓的清新俊逸，后人甚至说他"一生低首谢宣城"。

杜甫年轻时，曾与李白同游山东。两人分别后，杜甫难抑思友之情，写下"白也诗无敌，飘然思不群。清新庾开府，俊逸鲍参军"，赞誉李白的才华可比南朝诗人庾信和鲍照。

杜甫自己学诗，更是明确提出要向《文选》取经，"熟精文选理，休觅彩衣轻""呼婢取酒壶，续儿诵文选"。后人总结说，杜甫诗中的很多词汇与意象出自《文选》，诗人巧加运用，完全融化为自己的诗歌语言。

萧统推崇的诗人，杜甫也同样喜爱，"焉得思如陶谢手，令渠述作与同游"，他追慕陶渊明、谢灵运的诗才，幻想着与他们一同进行创作，漫游江海之上。

唐代的散文也深受《文选》的影响。韩愈、柳宗元高举古文运动的旗帜，倡导"文以载道"，其实质与萧统编纂《文选》的目的同出一源。即便是韩愈、柳宗元本人的散文，在写作技巧上也对《文选》多有借鉴。从柳宗元的游记中，就可以看出南朝山水小品文的影子。

唐人最看重进士科考试。各地赴考的举子来到长安后，会将自己的得意之作送给达官贵人过目，称为"行卷"，少的只是几篇诗赋，多的厚可盈尺。晚唐诗人皮日休，竟以《皮子文薮》十卷作为行卷。行卷在一定程度上推动了唐人的诗文创作。《文选》则成为人们创作行卷的必读书，置于案头，时时揣摩。这算是《文选》流行于唐代的一个花絮吧。

宋代科举重视诗赋与策论，有"《文选》烂，秀才半"的谚语。北宋中期之后，理学兴起。士大夫讲求儒家经义，孜孜不倦地探究名理之学，《文选》的热度大大降低。不过，由于当时印刷术的成熟，使得《文选》的出版传播井然有序。

倘若穿越到过去，在明清文人的书房中，《文选》是书架上的常见之书。明人杨慎就说过，作诗的人，怎能不熟读《文选》呢？清代流行辑取古人的文句为诗，有专门从《文选》中集句的。自清高宗开始，在科举考试中恢复了"试帖诗"，以古人诗句或成语为题。于是，号称"诗赋渊薮"的《文选》重获青睐。同时，"文选学"在清代再度复兴。清人重视校勘考证，比较著名的学术成果有胡克家《文选考异》、梁章钜《文选旁证》等。

《文选》的影响力早已远扩海外。在日本，奈良时代就以《文选》作为进士考试的内容，平安时代的《文选集注》写本一直保存至今。在韩国，新罗时期将文士分为三品，通晓《文选》的才能列入"上品"；朝鲜时代编纂的《东文选》，其体例完全仿照了《文选》。

第六章　东宫学士

在台城东北的东宫之内，有一座名叫"玄圃"的园林。它始建于刘宋；萧齐时期，又由文惠太子萧长懋进行了扩建。萧统在这里引纳才学之士，交流读书心得，创作诗赋文章，饮酒林间，雅集不倦。

一天，萧统与几名东宫学士泛舟后池。番禺侯萧轨自广州来此，盛赞美景之余，说："如有女子在旁奏乐，岂不更好？"萧统笑而不答，随口吟咏左思的《招隐诗》："何必丝与竹，山水有清音。"萧轨羞愧退去。

从萧梁天监元年（502年）十一月被立为太子，至中大通三年（531年）四月病逝，萧统做了将近三十年的储君。其间，陆续成为东宫学士的有三十多人，峨冠博带，济济多士，为东晋、刘宋以来所未有。

第一节 学士"天团"

在萧梁之初的文坛上，任昉与沈约齐名。《文选》收录了他的十七篇文章，数量高居"文"类的首位。

任昉以士林领袖的身份，大力汲引后辈，人称"任君"，被比作东汉时期陈寔父子一类的名士。他在建康担任御史中丞时，刘孝绰、殷芸、到洽等晚辈每天都去御史台官舍谈文论艺。

有幸与任昉交往，无异于"龙门之游"。果然，刘孝绰等人均"登龙门"，成为东宫学士。

到洽，是彭城郡武原（今江苏省邳州市）人，刘宋名将到彦之的曾孙。他少年时就以才思敏捷闻名，受到前辈文人谢朓、任昉的赞誉。任昉与他的兄长到沼、到溉有交谊，见了到洽，大为惊讶，"这小子，京城之中无人可比"，于是与他结为忘年交，行"拜亲礼"——拜见朋友的父母，表示关系亲密。

到家兄弟众多，到溉、到洽与从弟到沆的文采更是并驾齐驱。萧衍与到溉是棋友，经常通宵达旦地对弈。到溉忍不住打瞌睡，萧衍便嘲笑他"状若丧家狗，

任昉像（清刻本《古圣贤像传略》）

又似悬风槌",两人的关系亲密如此。

张率,与陆倕是吴郡同乡,自幼相熟。他们一起去拜访沈约,正巧任昉在座。沈约指着他们,对任昉说:"这两人是'南金'(南方之金,比喻为人才出众),你可与他们定交。"张率尤擅长赋体,下笔如飞,文字雅正,被认为"兼有司马相如与枚皋二人的长处"。

谢举,出身陈郡谢氏。他与兄长谢览齐名,在时人看来,谢家有谢览与谢举,恰如王家有王筠与王泰。他在东宫掌管文书簿籍,深受萧统的赏识。

王规,出身琅琊王氏,袭封南昌侯。萧梁天监十二年(513年),台城太极殿修缮一新,王规献上《新殿赋》,文辞甚工。他晚年以"淡于名利,安于退让"见称,在钟山筑室隐居;死后,萧统为之吊唁痛哭,"一尔过隙,永归长夜"。

王筠,同样出身琅琊王氏,自幼聪颖,七岁时就能写诗作文,为永明文学的后起之秀,讲究声律。一代文豪沈约见了他的诗文,也自愧不如,"近来的文坛名家,唯有王筠超出群伦"。王筠与刘孝绰并称"一时瑜亮"。侯景之乱时,他的宅邸被叛军焚毁,只得借居国子祭酒萧子云家。一夕,忽有盗贼闯入,他躲避不及,坠井而亡。

刘孝绰,本名刘冉,彭城(今江苏省徐州市)人,年少出名,有"神童"之誉。他供职东宫时,最受萧统的器重。东宫内新造了一座乐贤堂,萧统命画工图绘墙壁,将刘孝绰的画像排在第一。萧统想将诗文编辑成集，众人纷纷请求参与，最后却由刘孝绰一人承担了工作。

刘孝绰自负才气，言行举止不拘小节，得罪了同僚。萧统死后，他失去靠山，郁郁不得志而终。与到家兄弟一样，刘孝绰的兄弟辈如刘苞、刘孺、刘遵、刘孝仪、刘孝威等人也多有文才，名显于当世。

张缅，籍贯范阳方城（今河北省固安县）。其父张弘策是萧衍的表舅，追随萧衍左右，为萧梁的建立出力甚多。张缅极爱读书，家中藏有书籍万余卷。

张缵，娶萧衍第四女富阳公主为妻。他身长七尺四寸，眉清目秀，与兄长张缅同以好学闻名。

王锡，是王琳与义兴长公主萧令嫕之子，年幼时常随母亲入宫，颇受舅舅萧衍的喜欢。王锡与张缵同属皇室姻亲，也就顺理成章地成为太子的同学玩伴。

此外，与萧统时相过从的文人还有殷芸、何思澄、陆襄，以及萧子范、萧子显、萧子云等。

殷芸是殷钧的族弟，性格倜傥不羁，写有《小说》三十卷，采集了先秦至南朝的很多野史逸闻。

何思澄文辞颇佳，曾参与编撰《华林遍略》。

陆襄为人仁孝，母亲去世后，他哀伤过度。萧统听说后，派人前去安慰，让他保重身体。

萧子范、萧子显和萧子云兄弟三人，是萧齐豫章王萧嶷之子，侥幸躲过了萧齐末年的皇室大屠杀。萧子范文采出众；萧子显、萧子云以史才见长，萧子显编修《南齐书》，萧子云写有《晋书》，前者保存至今，后者则已散佚殆尽。

围绕在萧统身边的这批文士学者，是南朝文坛的"学士天团"，与三国时期的"邺下文人集团"异代同构，遥相呼应。

第二节 参编《文选》

让我们乘坐时光穿梭机，回到大约一千五百年前的建康城。

在这座城市的东北一隅，殿庑之上，亭馆之内，灯烛明亮，纸墨横陈。一位身高体胖的青年（据史书记载，萧统"体素壮，腰带十围"，十围约等于一米，亦即腰围三尺许），手执文稿，陷入了沉思；旁边，一群或长髯飘飘或面白无须的学士，正激烈地讨论着某个问题。

建康宫城建筑遗址

在萧梁普通四年（523年）至普通七年（526年）的《文选》编纂过程中，这样的一幕经常出现，探讨议论之声，抄写审校之举，往往通宵达旦。

据记载，其间任职东宫的学士有进有出，但总体上保持着一定的人数规模。

这些东宫学士的主要工作，是帮助萧统处理政务、草拟公文，同时也协助编纂《文选》：收集资料、选择篇目、商议体例、校勘文稿，最后由萧统编定。事实上，萧统不但统筹全局，更以储君之尊亲手抄写书稿。后来，萧纲在《昭明太子集序》里将它作为已故太子的一个美德，予以说明。

萧统七岁移居东宫时，徐勉受命负责东宫事务；萧统十五岁行冠礼后，徐勉又升任太子詹事，成为东宫官员之首，事无巨细，无不过问。他与萧统朝夕相处，情同父子。

萧梁普通二年（521年），徐勉自东宫离任，虽未直接参与此后的《文选》编纂工作，但他有领修《五礼》《华林遍略》的丰富经验，在朝中人脉深广，最主要的功劳是向东宫推荐了众多人才，协助萧统成就了编纂《文选》的盛事。

徐勉的次子徐悱，好学不倦，文章华美。他刚登上仕途，就被父亲推荐到东宫"掌书记之任"，所交往的"皆一时才俊"。徐悱病故于萧梁普通五年（524年），生前有可能参加了《文选》的编纂事宜。

刘孝绰是《文选》最主要的参编者之一。他在东宫将近二十年，历任太子舍人、太子洗马及太子仆。太子舍人与太子洗马负责东宫的文书簿籍，太子仆管理东宫众多事务，地位更加重要。

萧统与刘孝绰最为亲近，两人也有着相同的文学品位。萧统主张"丽而不浮，典而不野，文质彬彬，有君子之致"；刘孝绰也说，文学的高妙之处，在于"能使典而不野""丽而不淫"，内容和文采平衡一致。他们的文学观点，几乎是从一个模子里刻出来的。

在参编《文选》之前，刘孝绰协助萧统编纂了《诗苑英华》，还独自编成萧统文集十卷，在东宫编纂之事上出力最多。萧梁普通六年（525年），《文选》将近编成。刘孝绰由于功劳卓著，此时已升任廷尉卿，他的前任陆倕、后任萧子范均为东宫旧人。

不料，祸起萧墙。刘孝绰被卷入所谓"名教案"，遭到洽弹劾。刘孝绰与到洽同为东宫故旧，他才高气盛，不大看得起到洽。在东宫筵席之上，刘孝绰半醉半醒时，每每大声嘲笑到洽"文章太烂"。其他人只当是酒话，到洽却暗自恼了。

到洽新任御史中丞，负责纠察百官风纪，第一个就拿刘孝绰开刀。他上奏朝廷，刘孝绰身为廷尉卿，"携少妹于华省，弃老母于下宅"——公然挟小妹出入高级官署，却将老母亲丢在破屋子里不闻不问。这种行为有违儒家名教，为士林不耻。于是，刘孝绰被罢了官。

几经浮沉之后，他又回东宫担任太子仆，继续协助萧统编纂《文选》。此时，东宫也遭遇一连串变故，不复"挑灯夜未央"的旧貌了。刘孝绰仅将陆倕、徐悱、刘孝标三人的作品补录进《文选》，就草草了事。

对编纂《文选》起到帮助作用的，还包括王筠、殷芸、何思澄、刘杳等人。

王筠与刘孝绰是萧统的"左膀右臂"，在东宫学士中的地位仅次于刘孝绰。与萧统一样，王筠也崇尚典雅的文风，又勤奋好学，自述"读《五经》七八十遍，抄写《左传》五遍"，以此牢记书中的内容。他是以自己的知识储备，协助萧统斟酌《文选》的篇目。

殷芸同样以"方雅"见知于萧统。萧梁普通六年（525年），他值东宫学士省，采集东宫藏书资料，用于编纂《文选》。

何思澄文辞典丽，与同宗何逊、何子朗并称"东海三何"。他有编纂《华林遍略》的经验，参编《文选》自是驾轻就熟。

刘杳也是《华林遍略》的编纂者之一。他除了读书，别无嗜好，记忆力超群，人们向他咨询问题，从未失望而归。这样的"活字典"，显然为《文选》助力甚多。

何思澄与刘杳曾经兼任东宫通事舍人，负责宣布太子的令旨，也为方便出入东宫之故。刘杳后来又兼任太子步兵校尉，这个职位主要为升迁所设。当时，东宫并无武库，只有酒厨。

萧统开玩笑说："你滴酒不沾，却管理东宫的酒厨，正是为了不愧对古人啊。"——魏晋时的阮籍也做过步兵校尉，此人是历史上有名的酒徒，借步兵校尉这个"近水楼台"，嗜酒佯狂，以此躲避俗世的烦恼。

第七章　英年早逝

明月白露，光阴往来。

萧梁普通七年（526年）四月，萧衍的六弟萧宏病故；九月，九弟萧恢病故；十一月，妻子丁贵嫔病故。一年之内，萧衍有三位亲人离开了这个世界。在他的内心泛起过怎样的涟漪，外人不得而知。

史书记载，丁贵嫔去世四个月后，萧衍前往同泰寺出家。经大臣苦劝，他于三天后还俗，随即下诏更换年号，新年号为"大通"。

第一节　蜡鹅事件

在历史上，丁贵嫔是后宫嫔妃的典范，本性淳朴善良，不贪图奢华。她与萧衍成婚二十多年，生了三个儿子——长子萧统、三子萧纲和五子萧续。

受丈夫的影响，丁贵嫔也是一位虔诚的佛教信徒，拜僧祐为师，精通《净名经》的经义。《净名经》是《维摩

鸡鸣寺，相传前身为同泰寺——丁亮 摄

诘经》的别名，记载了著名居士维摩诘的言行。巧合的是，萧统的小字"维摩"，也出自"维摩诘"。

　　丁贵嫔病重时，萧衍大赦天下，为她祈福。太子萧统自东宫回永福省居住，就近照顾母亲。他朝夕侍疾，衣不解带。不幸的是，丁贵嫔病情发展迅速，不久就去世了，享年四十二岁。

　　在为母亲居丧期间，萧统至情重孝的性格毕露无遗。他每每痛哭欲绝，水米不曾入口；体重急剧下降，本来腰带十围，减去一半，消瘦得不成人形了。

萧衍不忍直视，派中书舍人顾协前去劝导："居丧固然应该哀伤，但不能伤害到自己的身体。因为居丧而伤身，等于是不孝。我还在世，你怎能自毁身体？"为不让父亲担心，萧统只得稍作退让，每天以麦粥维生。

萧衍又宣旨道："听说你由于进食太少，已经羸弱不堪。我本来身体很好，因为你的缘故，胸中也郁闷成疾。为了不使我担心，你必须加强营养啊。"父亲虽然屡次劝说，萧统依旧雷打不动，日食一餐而已。对于太子的"不听话"，萧衍无疑是不太满意的。

不久，又发生了"蜡鹅事件"。母亲去世后，萧统派人觅得适宜安葬的吉壤，准备破土修墓之时，忽然生出变故。一名兜售墓地的商人找到宦官俞三副，向他允诺："丁贵嫔下葬在即，但凡我手中的这块墓地被皇家相中，如果售得三百万钱，其中的一百万钱归你。"

俞三副闻之心动，进宫秘密禀告萧衍，捏造说："太子之前相中的并非吉壤，如今的这块墓地，对陛下来说更为吉利。"萧衍"末年多忌"，便让俞三副出面，买下后来的那块墓地，即为丁贵嫔的"宁陵"。他"多忌"的缘由，大概还是因为太子"不听话"吧。

萧梁大通元年（527年）的春天，丁贵嫔入土为安。葬礼已毕，有个擅长风水的道士多嘴，"这块墓地，对长子不利啊"。萧统被道士说动，遂将蜡鹅等物埋在母亲"墓侧长子位"，避凶就吉。这件事，唯有他身边的亲信宦官鲍邈之与魏雅等知道。

鲍魏二人因故生隙。鲍邈之怨怒于太子，向萧衍打小报告："魏雅不怀好心，蛊惑太子做'厌祷'之事。"所谓"厌祷"，就是以巫术祈祷鬼神，诅咒某人。萧衍疑心顿生，派人去丁贵嫔的墓地搜查，掘地三尺，果然发现了蜡鹅等物。萧衍大为光火，准备掀起大狱。在徐勉的苦苦劝谏下，只杀了道士一人，勉强平息了风波。

从此，萧统"失信"于父亲，抑郁成疾。

第二节　太子之死

萧梁大通三年（529年）九月，萧衍第二次在同泰寺出家。九月底，他还俗回宫，随即将这一年的年号改为"中大通"。十一月，八弟萧伟领受"太子太傅"的官职。

太子太傅的职责为辅导太子。自萧统成年辅政以来，太子太傅空置已久，忽又重新设置，耐人寻味。或许，这是萧衍以设置"顾问官"的做法，对太子之前行为"逾矩"的一种薄惩。

萧梁中大通三年（531年）正月，萧纲自雍州被召还朝，出任扬州刺史。扬州刺史的治所在首都建康，南朝人士将"骑鹤上扬州"视作进入权力中枢的一种象征。

萧统感到了危机。他梦见自己与萧纲下棋，萧纲落子咄咄逼人，干扰了自己的棋路。萧统甚窘，授以"班剑"——大臣上朝所佩带的木剑，上面饰有花纹，为受到皇帝宠信的象征。梦醒之后，萧统问身边人："晋安王这次回来，陛下应该会授予他班剑吧？"

萧纲的受宠，映衬出了太子的落寞失意，更是存在着储君易位的隐忧。历史上兄弟阋墙的悲剧，难道又要再次上演？

寂寞江南路，春深不见花。萧梁中大通三年（531年）三月，萧统忽起游兴，泛舟玄圃池上。莲叶初展，宛如串串铜钱。宫女探身去攀摘，小舟倾覆，萧统不幸落入水中，衣履尽湿，并伤及大腿。落水受伤加上惊吓，身体本就虚弱的萧统一病不起。为免父亲担心，他告诫宫中人不得泄露自己生病的消息。

四月六日，萧统病逝，谥号"昭明"。因此之故，《文选》又名《昭明文选》。

白发人送黑发人。萧衍驾临东宫，为早逝的太子一洒老泪。建康城中，众多官员百姓听说太子去世的消息，无不惋惜错愕，聚集在东宫门前，放声恸哭。

五月，萧统下葬安陵。七月，萧纲被册立为新太子。《文选》的时代结束了，"宫体"时代帷幕渐启。

第三节　斯人长眠

南京地方史志《建康实录》称，萧统的陵墓在"建康县东北三十五里"。如今，它位处栖霞区南象山公墓的东北角（旧称新合村狮子冲），一个青山环抱的山坳中。

北面，栖霞山宛如虎踞，看大江滔滔东去；再往北，江北平畴千里，"杳杳天低鹘没处，青山一发是中原"。

萧梁太清二年（548年），侯景发动叛乱，自历阳（今安徽省和县）跨江而来，攻入建康城。次年，台城失陷，萧衍忧愤饿亡。萧纲成了傀儡皇帝，两年后被废黜，被土袋闷杀。侯景改立萧统之孙萧栋为帝，不久又将他废黜，干脆自己称帝。侯景的皇帝梦仅仅做了几个月，就兵败身死。

在连绵战火之中，昭明太子的陵墓遭到了毁坏。

如今，在鲜有人至的山坳间，只剩下两只神态俊美的石麒麟。麒麟，是南朝帝陵前特有的石刻。当年，历史学家朱偰这样写道："由甘家巷越土山而南，里许至狮子冲，有石麒麟二，其一已损，半倾土上；其一尚完好，独角六翼，东向兀立。其地后环土山，前对平岗，当大道以北，为帝王陵寝无疑。观其作风，华美而精致。"

2013年的初春，南京考古工作者在距离麒麟不远处的北象山南麓发掘出两座南朝大墓。两座墓葬规模大致相当，北靠北象山，左右两旁小丘环抱，前面是一片平地，南象山偎依于前。

它们东西相向，1号墓（M1）在东，2号墓（M2）在西，大约相距十米。墓室甬道内，设置了两重石墓门。早在东晋时期，这已经成为帝陵的规制。

昭明太子墓考古发掘时的情景（许志强《昭明太子陵今何在——南京狮子冲南朝大墓考古》）

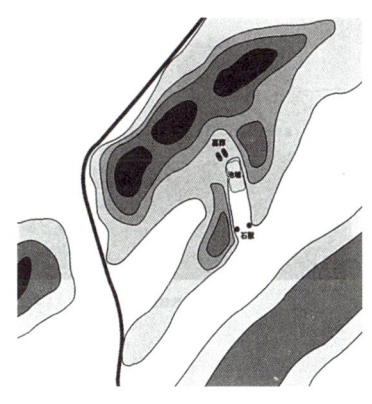

昭明太子墓示意图（藤井康隆《南京狮子冲南朝陵墓发掘调查》）

两座墓中，发现了印有"竹林七贤""羽人戏虎""仙人持幡"等内容的砖印壁画，以及大量带有铭刻文字的模印画像砖，具有浓郁的南朝墓葬特征。

1号墓"竹林七贤"砖印壁画拓片

1号墓"羽人戏虎"砖印壁画拓片

2号墓东壁"仙人持幡"砖印壁画（以上出自许志强《昭明太子陵今何在——南京狮子冲南朝大墓考古》）

令考古工作者眼前一亮的是，在两座墓中分别出土了一块纪年砖。"南京市栖霞区狮子冲南朝大墓发掘简报"写道："狮子冲两座墓葬中分别出土两块纪年砖，M1出土'中大通式年'纪年砖，M2出土'普通七年'纪年砖，所显示的纪年均为萧梁时期的年号，为两墓的埋葬年代提供了判断依据。"

1号墓出土纪年砖　　2号墓出土纪年砖

（以上出自许志强《昭明太子陵今何在——南京狮子冲南朝大墓考古》）

普通七年（526年），是丁贵嫔的卒年；中大通二年（530年），是萧统去世的前一年。两人的去世和下葬时间，与纪年砖有着极高的吻合度。

"发掘简报"总结道:"结合狮子冲两座南朝大墓所处位置、墓前石刻、形制规模、纪年文字以及两墓并排紧邻的位置关系,结合文献记载,我们初步认定,狮子冲两座南朝大墓的墓主分别为昭明太子萧统(M1)及其母丁贵嫔(M2)。"

昭明太子墓全景——邵世海 摄

昭明太子墓石刻——邵世海 摄

2013年7月，考古工作者对这两座墓葬做了保护性回填。一抔黄土，庇佑"安宁"（萧统"安陵"与丁贵嫔"宁陵"的合称）。

陵墓前的那对石麒麟，默默陪伴着墓中的主人。它们眦目张口，双翼微翘，左腿前迈，脚趾上抬，仿佛将要展翼飞升。

墓前芳草碧，斯人已长眠。

第八章　昭明遗迹

今天，在波光潋滟的玄武湖畔，解放门与玄武门之间，有一片仿古建筑群，遥相对望的两座仿古牌坊上，均题写着"玄圃"二字。

春天，这里樱花似雪，柳丝如烟。

事实上，这里并非南朝时期的玄圃故址，昭明太子也未曾在此编纂《文选》。人们出于对昭明太子的敬重，才在玄武湖畔修建了这座"玄圃"。

昭明太子斯人已逝，但文脉承传，书香悠远，江苏省内多个地方陆续修建了"读书台""文选楼"等建筑物，它们散布于各地，在漫长的历史岁月中屡毁屡修，终能保存至今，成为当地的一处人文风景，供世人游览瞻仰。

这不正是昭明太子以及《文选》文化生命力的体现吗？

第一节　昭明遗迹在江苏

昭明太子在襁褓中就随母亲来到了建康，生于斯长于斯，是不折不扣的"南京人"。

在今天的南京，与昭明太子相关的遗迹众多，包括台城"玄圃"、玄武湖梁洲"昭明太子读书处"、紫金山北高峰"太子岩"、江宁区"东湖读书台"、浦口区惠济寺"昭明太子读书处"，等等。

此外，镇江有招隐山"读书台"，常熟有虞山"读书台"，扬州和无锡江阴两地均有"文选楼"的遗址。

一、南京台城"玄圃"及其他

台城是东晋、南朝时期的皇宫。根据考古发掘所知，

今日南京台城一隅——丁亮摄

它位于今天南京的主城区内，由东北向西南倾斜，北垣大约在长江后街至如意里一线，南垣大约在游府西街至文昌巷一线，西垣大约在抄纸巷至网巾市一线，东垣大约在长白街一线。

南朝的东宫在台城东北角，是一个相对独立的宫殿区，有宫门与台城相通。太子游乐的宫苑，就是玄圃。它始修于刘宋，经过齐梁两代的经营，建有宣猷堂、石室、柏屋和茅斋等亭馆，叠石垒山，花木茂盛。

萧齐时期，文惠太子萧长懋引入台城北堑的流水，穿玄圃而过，使得它有了池沼之胜。萧统做太子时，就时常泛舟池上，与东宫学士谈诗论文。他也因为在此落水而病故。

台城北堑，亦即台城北面的护城河。它最初由东吴大帝孙权开凿，引玄武湖水流入，绕行宫城。当时，玄武湖浩渺无涯，每当长江潮水上涌，湖面就掀起浪涛，余波所及，直入台城北堑。因此，这条人工渠又名"潮沟"。它是建康城里著名的河道之一，直到南唐时，潮沟尚在。

据南京地方史志记载，潮沟呈东西流向，河道故址大致在珠江路的南侧。由此推断，玄圃的方位在今天的小营附近。随着岁月迁移，它早已化作繁华市区，难觅皇家园林景象了。

至于玄武湖畔后人重修的"玄圃"，只是寄托了人们对昭明太子的思念，与历史上的玄圃相去甚远。玄武湖中的梁洲，也被附会为昭明太子读书处。

玄武湖古称"桑泊"。南朝宋文帝时，疏浚湖泊，将湖底淤泥堆积为三座小岛，取名"方丈""蓬莱"和"瀛洲"，据称就是现在梁洲、环洲和樱洲的前身。

在梁洲上，有过一座梁园，洲上还有一口古井。明代，梁洲是"黄册库"所在地，存放着全国的户口赋役档案。人们在淘洗古井时，发现井底有一个六朝铜钩，此井就以"铜钩"为名。

紫金山位于南京主城区的东北，青峰秀丽，蜿蜒如蟠龙。南朝时期，山间寺庙林立，萧统多次前往游览礼佛，屐痕点点，印在山径青苔之上。

萧梁普通二年（521年），萧统与刘孝绰等人前往开善寺，听高僧智藏讲经。开善寺位于紫金山的小岗"独龙阜"南麓，为宝志禅师埋骨之地，旁有志公塔。明太祖朱元璋为修建孝陵，将寺庙搬迁，改名"灵谷寺"，至今香火鼎盛。

萧梁普通三年（522年），萧衍为纪念亡父萧顺之，在紫金山的竹涧（地名今已失考）建造了大爱敬寺。他多次前往，并写下《游钟山大爱敬寺诗》。萧统有奉和之作。这座寺庙早已成了瓦砾。

在幽静的山林间，还掩藏着一座"上定林寺"。刘宋元嘉元年（424年），僧人慧觉修建了定林寺，寺址在独龙阜之南，与旧开善寺为邻。后来，高僧昙摩蜜多自西域东来，见寺庙旁临山涧、地势卑湿，遂翻越独龙阜，于刘宋元嘉十六年（439年）在海拔440多米的北高峰下另建新寺。因为地势高敞，新寺被称为"上定林寺"，以区别于之前的"下定林寺"。

南朝时，高僧达摩、法云、智藏均曾栖止于此，刘勰也在这里写出了名著《文心雕龙》。后来，达摩在北方洛水之滨去世，有僧众为他建塔于上定林寺。

刘勰撰《文心雕龙序》

南朝已逝，一代名寺渐渐荒废。

明代，上定林寺曾经重建，同时建有"昭明书台"等景观。这应为后人的附会，但与史实相距不远，昭明太子在世时，曾来到过上定林寺。以至于明人孙应岳在《金陵选胜》中说："昭明书台传在钟山（定林）寺后高峰上。吴越间数处皆有'昭明书台'之号,独此想为真迹……"

经过多年的考古发掘,如今,上定林寺和下定林寺的遗址基本得到确定。

在紫霞湖的北面,有"钟山一号寺址"与"钟山二号寺址"。"钟山一号寺址"为下定林寺,南宋时尚存,有南宋诗人陆游"冒大雨独游定林"的题刻遗迹作证。"钟山二号寺址"在上方山坡上,背后就是北高峰,寺址建于多层石构平台上,出土了大量南朝的莲花纹瓦当。"刘勰与文心雕龙纪念馆"就坐落在紫霞湖旁,里面陈列着在紫金山南麓出土的部分南朝文物。

紫金山有三座山峰,主峰为北高峰,今名"头陀岭"。

六朝人面纹瓦当,现藏于南京市博物总馆

刘勰与文心雕龙纪念馆——南京钟山风景区 供图

明代文学家宋濂在《游钟山记》中写道，自黑龙潭上行至七佛庵，为"萧统讲经之地"，庵后有"太子岩"，也称为"昭明书台"。七佛庵今已无存。

太子岩，在北高峰的最高处。登临远眺，长江宛如玉带缠绕，城中楼宇鳞次栉比。昭明太子仿佛来过这里，衣袂飘飘，恰似隐世的高人。

在南京近郊，也有两处"昭明遗迹"。

一处在江宁区湖熟街道。

湖熟位于秦淮河畔，汉代时被设置为胡孰县，又曾作为胡孰侯国的封邑。孙权于东吴赤乌八年（245年）开凿破岗渎（今句容河），大约五十里长，将首都与富庶的江南地区连接起来。湖熟就位于破岗渎旁，帆樯如云，络绎往来。

在破岗渎流经湖熟之处，有一座梁台。据称，昭明太子曾经在此读书，名为"东湖读书台"。北宋时期，这里建有"昭文精舍"，元代改为昭文书院。明代正德年间，书院又经修葺，塑有昭明太子像。

晚清《金陵四十八景》图册中，就有"台想昭明"一景，"中建高台，突兀云表；庭宇闳敞，树木萧森；而鸟语花香，风声月色。登斯台者，有令人徘徊而不能去"。

在风雨和战火的摧残下，梁台圮坏已久，仅存基址。事实上，据考古学家考证，梁台与湖熟地区大大小小的台形遗址一样，是新石器至商周时期"湖熟文化"的象征。

另一处"昭明遗迹"，在浦口区汤泉街道。

老山北麓，有一座始建于南朝的惠济寺，初名"汤泉禅院"。据说，这里也曾是昭明太子的读书处。读书之余，他泡温泉解乏，还在寺中种下三棵银杏。

北宋熙宁九年（1076年）八月，词人秦观一时兴起，与友人自高邮来这里泡温泉。泉水为深碧色，热气蒸腾，还散发着香味。他特地看了昭明太子沐濯过的"太子汤"，当时已经干涸，废弃于田野之中。

寺内现存础石、碑刻、古井等文物。

那三棵千年银杏，依然葱郁可喜，年年秋风起处，满树金黄，飒飒作响。

二、镇江招隐山"读书台"

南朝时,为拱卫首都建康,设置了南徐州。其治所在京口,也就是今天的镇江市。

镇江市区之南,青山隐隐,绿水迢迢。南朝隐士戴颙曾经居住在此,他去世后,私宅改为招隐寺,这座山也跟着叫作"招隐山"了。山中有昭明太子"读书台"和编纂《文选》的"增华阁"。

走入招隐山,翠木森森,石径弯弯。山口有一座石牌坊,上刻"(刘)宋戴颙高隐处",下刻"招隐"二字,两旁是一副对联:"读书人去留萧寺,招隐山空忆戴公。"

读书台位于半山腰,临崖而建。拾阶而上,自"书台遗踪"门入内,正房三间,有昭明太子坐像一座,手握长卷,面朝大江,伫听清风徐至。据地方史志记载,读书台始建于萧梁普通元年(520年),原有石几一张,上刻"普通元年,岁在庚子"八字,后来不幸遗失。

读书台前,回廊曲折,左首为济祖殿,右首就是增华阁。在增华阁东南,尚有玉蕊亭和虎跑泉。玉蕊亭旁,原有一棵玉蕊树,花开如雪;虎跑泉又名"昭明井",据说为昭明太子开凿。

萧统在镇江读书并编纂《文选》之事应当出于附会,但兰陵萧氏确实与镇江渊源极深。"齐皇房"与"梁皇房"的帝陵均在镇江市丹阳境内;萧统之弟萧纲、长子萧欢曾任南徐州刺史……出于进一步增添光彩的目的,就有了昭明太子在镇江的诸多"遗迹"。

在招隐山下，人们为纪念出生在镇江的《文心雕龙》作者刘勰，建造了文心阁、雕龙池。2000年与2002年，《文心雕龙》国际学术研讨会和第五届"文选学"国际学术研讨会先后在镇江举办，蔚为盛事。

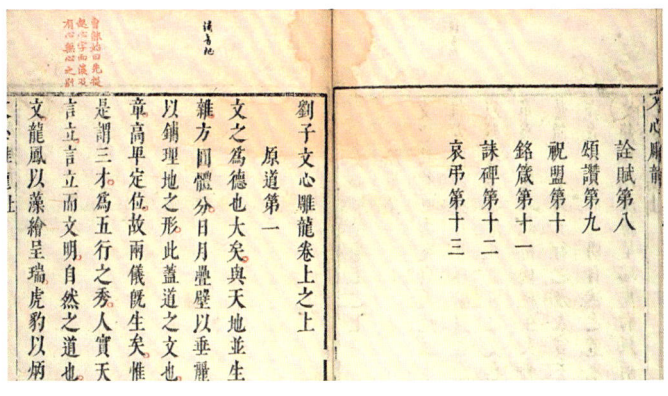

《文心雕龙》书影

读书台与文心阁比邻而居，在寂静南山中，见花开花落。

此外，在镇江市句容境内的茅山，也有"昭明太子读书台"。据地方史志的记载，萧统曾随"山中宰相"陶弘景求学，"筑台于此"。不过，萧统礼佛，而陶弘景为道士，在正史中未见他们有何交集。

在茅山喜客泉附近，有与昭明太子相关的建筑物，均为今人新修。

镇江文心阁

三、常熟虞山"读书台"

在常熟城西,虞山脚下,有一座书台公园。

书台,是"昭明太子读书台"的略称。在这座数亩大小的袖珍园林内,峙立着一座土丘,高三米多;土丘之上,有一间卷棚歇山顶方亭,四檐翼然飞翘。

亭前,有对联一副,"五六月间无暑气,百千年后有书声",上面悬挂"读书台"匾额。亭壁上嵌有三通石碑,由清人雅尔哈善撰写的《读书台》碑居中;右为明人邓钺撰写的《梁昭明太子读书台铭》,并附萧统画像一幅;左为明人陈察撰写的《重建昭明读书台亭记》。亭内尚有一张石台，正面镌刻清人倪良耀所写《虞麓园记》。

历代常熟史志均称，这里是昭明太子读书选文之地。常熟本属吴郡（今江苏省苏州市）。萧梁天监六年（507年），新置信义郡，治所在南沙县；萧梁大同六年（540年），又从南沙县析置常熟县。

很难想象，历史上萧统来过偏处海隅的常熟，曾经被认为是"萧统佚文"的《虞山招真治碑》，据考证也并非他所作。但是，这并不妨碍人们对昭明太子的追崇，人们在虞山一角筑园造台，撰写诗文，作为对他的永久纪念。

寒冬雪霁，"书台积雪"也成为"虞山十八景"之一。

今天的读书台，安处繁华闹市中，而有山林之幽。恍惚间又传来读书声，声声入耳。

四、江阴顾山"文选楼"

登临海拔两百多米的虞山，向西眺望，远处有一座小山岗，兀立在江南平原上。它就是顾山，距离江阴市区大约四十公里，位于江阴、常熟、无锡三地交界处，又名"三界山"；相传山上种有香兰，满山馥郁芬芳，别名"香山"。山下，有一座始建于南朝的香山寺，如今修葺一新，佛殿金碧辉煌。

相传，萧统与东宫学士到过顾山，在山上建造了"文选楼"，又于寺中种下山茶一株，年年花开。清乾隆五年（1740年），文选楼重修完工。江苏学政刘吴龙写下《重建顾山文选楼记》，称扬州、襄阳、池州和江阴的顾山皆有"文选楼",其中,顾山"文选楼"位于江南,惠泽三吴文士,人们饮水思源,于是重建文选楼作为感恩。

香山寺后,有一条登山石径。入口处是一座昭明太子塑像,他左手背在身后,右手抬起,做沉吟状。半山腰有数通摩崖石刻,多为本地乡贤的笔墨,"文选楼何处?萧梁迹太遥。地分三界接,乡近一山招"。

顾山附近有一个红豆村,长有一株古红豆树,相传树龄已有千年,郁郁葱葱,如同巨伞,至今尚在开花结果。它是中国纬度最北的一棵红豆树,被命名为"戴氏红豆树"。当地人说,这棵红豆树为昭明太子亲手种植。

如今,顾山"文选楼"踪迹全无,令人惆怅;那犹存的石刻与一树红豆,还在述说着萧梁往事,寄托着相思。

五、扬州"文选楼"

扬州城里,有两座"文选楼"。

其一在旌忠寺。

旌忠寺是扬州历史最早的寺庙之一,位于旌忠巷口,东临仁丰里。

南朝末期,天台宗祖师智顗来到广陵,募建寂照院。他慧眼独具,将寺址选在了当年昭明太子编纂《文选》之地。智顗是荆州华容(今湖北省公安县)人,出生于萧梁大同四年(538年),距昭明太子去世不远,一生经历了梁、陈、隋三代。

入隋后,晋王杨广以"扬州总管"的身份,坐镇江都。出于安抚南朝僧俗百姓的目的，他拜智𫖮为师，受菩萨戒。想来，杨广曾多次来到寂照院，听智𫖮讲经说法。因此，地方史志记载，扬州"有梁昭明太子文选楼，炀帝当幸焉""俗传梁昭明太子著《文选》于此，因于寺后建楼"。

南宋时，寺名改为"旌忠寺"。此后，寺庙屡经修建。清代，寺门题额"文楼旌忠"；寺中有"文选楼"五楹，楼前题额"梁昭明太子文选楼"，楼下题额"六朝遗址"；清末，还在寺外建立圈门，题额"古文选里"。这座"文选楼"，实为旌忠寺的藏经楼，当年贮有佛教典籍《龙藏》一部。

又是几番风雨。1984年，旌忠寺再次重建，大雄宝殿基本上保留了宋代遗构，又将台基垫高半米，气势更加宏伟。在旌忠寺南，有一条曹李巷，以曹宪、李善二人的故宅在此而命名；又因为他们是传授"文选学"的大家，故小巷别名"文选巷"。

第二节　多少楼台烟雨中

在湖北、安徽、浙江等省份，也星星点点分布着与昭明太子有关的读书台、文选楼。其中，襄阳"昭明台"和池州"文选阁"较为知名，前者是昭明太子的出生地，而后者据称是他的封邑。

一、襄阳"昭明台"与池州"文选阁"

萧齐中兴元年（501年）九月，萧统出生在襄阳城内的雍州刺史官署。

官署中有一座"高斋",因为地势高爽而得名。据说,萧衍为雍州刺史时,睡卧在斋中,屋顶萦绕五色云彩,宛如蟠龙,又有紫气升腾,仿佛伞盖。

萧梁普通四年(523年),萧统之弟萧纲出任雍州刺史,坐镇襄阳首尾七年。在他的身边也有一个文人圈子,号称"高斋学士",与萧统身边的"东宫学士"群体交相辉映。

世易时移,人事漫漶。在萧统去世后,萧纲接替为太子,"高斋学士"与"东宫学士"渐渐混淆,襄阳的高斋也被张冠李戴,成为地方史志中的"文选楼"。

不知从何时起,"文选楼"又被称为"萧楼",楼址移至内城西门。这座位于城门上的楼台,雕梁画栋、翠瓦粉墙,虽冠以"文选"之名,却是凭栏远眺的佳处。

此后迭经兴废,到了清代,在台基上重建新楼,易名为"昭明台",并立"古高斋"石刻为记。从此,"文选楼"没入历史深处,"昭明台"则延续至今。

1992年,在战火与风雨中坍圮的昭明台,又于原址以北五十米处重建,台高近四十米,上建三层阁楼,郁然而起,雄踞古城之中。

池州,旧称"秋浦""贵池"。其地名的由来,据说与昭明太子有关。相传,秋浦河中所产鱼类肥美,昭明太子食后赞不绝口,遂将秋浦改名为"贵池"。此后,又有了"贵池"为昭明太子封邑的说法，进一步演绎为昭明太子在这里编纂了《文选》。

昭明太子去世后，池州百姓为了纪念他，在秀山建了昭明庙和衣冠冢。唐代，池州治所迁易，又在城西杏花村新建昭明庙，俗称"西庙"，内有一座宏丽壮伟的"文选阁"，别名"昭明书院"。

池州的昭明庙、文选阁屡建屡毁，最终消失在历史的风雨中。

昭明太子早已化身为池州傩戏中的"傩神"，受到当地百姓的供奉。每年的农历八月十二日至十八日，池州百姓有迎"文孝菩萨"（昭明太子）的仪式，俗称"赛西庙昭明大会"，祈祷昭明太子保佑一方平安。

二、其他的"昭明遗迹"

出生于乌镇的旅美作家木心，在《塔下读书处》中写道："我家后园的门一开，便望见高高的寿胜塔，其下是'梁昭明太子读书处'……"

乌镇，今属浙江省桐乡市，京杭大运河穿镇而过。

据清代《乌青镇志》记载，萧梁天监二年（503年），幼年太子萧统随沈约来乌镇读书，建有书馆一座。后来，书馆不存，改为寺庙。再后来，寺庙也毁弃了，当地人集资在这里建起一座石牌坊，匾额为"六朝遗胜"，横梁为"梁昭明太子同沈尚书读书处"。

如今，这座牌坊依然竖立在乌镇西栅，傍依市河。牌坊后面，是复建的昭明书院，门口有一座昭明太子塑像。

浩荡长江流经安徽省马鞍山市时，积石临江，山崖陡峭。慈姥山上，曾经有一座"昭明太子读书阁"，凭栏远眺，白帆过眼。

相传，昭明太子在此读书，一年了都不曾回到建康。母亲心疼他苦读伤身，太子将竹筷插入土中，立誓筷子若能茁长，就回宫见母。母爱感动上天，一夕之间，竹筷长成亭亭玉立的翠竹。昭明太子也兑现誓言，与母亲团聚。

岁月悠悠。历代将昭明太子作为"选圣"来供奉，修建读书台、文选楼，甚至文孝庙、昭明太子祠。昭明太子尊崇佛教，于是，不少地方又建有昭明寺、太子院。

在浙江省磐安县境内，有座海拔一千多米的大盘山，山顶有一汪碧潭，水旁有洞，相传昭明太子曾经在此读书，并教山民识药种药。后来，当地人修建昭明院，将昭明太子尊为"药祖"，又称"盘山圣帝"，每年农历六月六日烧香祭祀。

昭明太子由人而渐渐被神化，遗迹处处，亦真亦幻。

后　记

诚然，"历史的本质属性之一就是其不确定性"（历史学家罗新语）。但是，对于昭明太子萧统而言，他的人生轨迹大体上脉络清晰，所编纂的《文选》惠泽后世，影响深远。

晚近以来，关于昭明太子及"文选学"的研究成果更是汗牛充栋、蔚然可观。笔者所要做的工作就是"搜集、整理、审查、鉴别、分析史料"，将昭明太子其"人"、其"事"、其"迹"合理串联。其"人"，是指昭明太子的家世、成长经历、文学才华等；其"事"，是昭明太子在《文选》编纂过程中所起的作用、《文选》的成书年代、"事出于沉思，义归乎翰藻"的思想内涵等；其"迹"，即分布在江苏省内及省外的昭明太子"读书台""文选楼"等历史文化遗存。

本书在写作过程中，参考了相关史籍、文献、学术著作及论文。其中，史籍主要有《宋书》《南齐书》《梁书》

《隋书》《南史》等；文献主要有［梁］萧统编、［唐］李善注《文选注》，［梁］刘勰《文心雕龙》，［清］严可均校辑《全上古三代秦汉三国六朝文》，逯钦立编《先秦汉魏晋南北朝诗》，［梁］萧统著、俞绍初校注《昭明太子集校注》等；学术著作主要有王仲荦《魏晋南北朝史》，曹道衡、傅刚《萧统评传》，龚斌《南兰陵萧氏家族文化史稿》，庄辉明《萧衍评传》，傅刚《〈昭明文选〉研究》，穆克宏《萧统年谱》，俞绍初《昭明太子萧统年谱》等；学术论文主要有曹道衡《〈文选〉对魏晋以来文学传统的继承和发展》，傅刚《〈文选〉的编者及编纂年代考论》，马朝阳《〈文选〉编者考》，陈延嘉《太子的意图与〈文选〉之根》，承守元《"昭明太子十学士"和〈文选〉编辑的关系》，孙蓉蓉《刘勰与萧统考论》，刘跃进《〈文选〉与"文选学"》，许志强《昭明太子陵今何在——南京狮子冲南朝大墓考古》，徐苏、张爱民《试论萧统遗迹及其对历史文化名城的影响》，何寅《昭明太子萧统在池州史迹钩沉》等，限于篇幅和体例，未能一一标注出处，在此特作说明并谨致谢忱。另外，关于狮子冲南朝大墓的墓主身份问题，学术界尚有争议。本书取目前考古发掘之论，暂定为昭明太子墓。

  本书在写作时，得到多位友人的关心与帮助，特此鸣谢。

  昭明遗迹散布各地，长此以往，或将湮没而不彰。如能将它们缀珠成链，打造为具有内涵的文化旅游产品，供人游览瞻仰，借以传承中国文化精神，则善莫大焉。

作为一本历史科普性读物，笔者在行文时尽量做到语言浅白清新，以使读者有一个较为愉悦的阅读体验，但限于学力和水平，本书难免有不足之处，敬请专家学者及读者批评指正。

薛巍